Mousse céleste

100 recettes de mousse faciles à suivre pour impressionner vos invités et satisfaire votre dent sucrée

Axelle Lambert

Copyright © 2023

Tous les droits sont réservés

Aucune partie de ce livre ne peut être utilisée ou transmise sous quelque forme ou par quelque moyen que ce soit sans le consentement écrit approprié de l'éditeur et du propriétaire des droits d'auteur, à l'exception de brèves citations utilisées dans une critique. Ce livre ne doit pas être considéré comme un substitut aux conseils médicaux, juridiques ou autres conseils professionnels.

TABLE DES MATIÈRES

TABLE DES MATIÈRES	**3**
INTRODUCTION	**7**
MOUSSE CLASSIQUE	**8**
1. Mousse aux noisettes	9
2. Mousse à la limonade rose	12
3. Tiramisu mousse chocolat et caramel	14
4. Mousse aux œufs de Pâques	17
5. Mousse au chocolat blanc et sauce kiwi	19
6. Mousse de melon au vin muscat	22
7. Mousse d'avocat et de micro-pousse	24
8. Mousse de caroube à l'avocat	26
9. Mousse au chocolat açaï	28
10. Mousse de betterave	31
11. Mousse au chocolat	33
12. Mousse à la courge musquée	35
13. Mousse d'oranges rôties	37
14. Mousse à la mangue	39
15. Mousse de Chocolat	41
16. Mousses glacées au double chocolat	43
17. Mousse à l'érable glacée	46
18. Mousse au café	48
19. Mousse à la liqueur de café	51
20. Mousse margarita aux fraises	53
21. Mousse de citrouille crémeuse	55
22. Mousse petit-déjeuner cheesecake au citron	57
23. Mousse amaretto	59

24. Mousse aux abricots	61
25. Mousse de forêt noire	63
26. Mousse de pacanes au beurre	65
27. Mousse aux cerises	67
28. Mousse aux agrumes	69
29. Foie gras et mousse de truffe	72
30. Mousse aux fleurs et au rhum	74
31. Mousse au citron vert de Floride	76
32. Mousse au chocolat grand marnier	78
33. Mousse au café glacé	81
34. Mousse à la guimauve	83
35. Fondues à la mousse de Toblerone avec meringues	85
36. Mousse de foie de canard	88
37. Mousse aux amandes au chocolat	90
38. Mousse de chair de crabe	92
39. Mousse cappuccino cacao	94
40. Mousse de crabe et avocat	96
41. Mousse aux oeufs au curry	98
42. Mousse au chocolat noir et dense	100
43. Mousse chocolat noir framboise	102
44. Mousse double pêche	104
45. Mousse au lait de poule	107
46. Tourte mousse élégante	109
47. Mousse de figues fraîches	112
48. Mousse de citrouille glacée	115
49. Mousse de jambon	117
50. Mousse de goyave	119
51. Gâteau de mousse à la nectarine	121
52. Mousse au pamplemousse	125

53. Mousse Noisette Grillée	127
54. Mousse au miel et lavande	129
55. Gâteau mousse jamaïcain	131
56. Mousse Kahlua	133
57. Mousse de poireaux	135
58. Mousse au citron vert	137
59. Mousse citron cerise noix	139
60. Mousse au beurre citron	142
61. Mousse au citron	145
62. Tarte à la mousse au citron	147
63. Gâteau mousse citron fraise	149
64. Mousse au yaourt au citron	152
65. Tarte mousse citron vert	155
66. Tarte mousse macadamia rhum	157
67. Mousse tango mangue	160
68. Mousse à l'érable	162
69. Tarte mousseuse érable et noix	164
70. Mousse à l'orange	166
71. Cheesecake mousse framboise oliveraie	168
72. Mousse aux fruits de la passion	171
73. Mousse aux pêches	173
74. Mousse ananas orange	175
75. Mousse de potiron praliné	177
76. Mousse au camembert royal	179
77. Mousse mandarine et variations	181
78. Mousse d'ananas à la noix de coco râpée grillée	183

TASSES À MOUSSE   186

79. Coupes de mousse à la vanille	187
80. Coupes de mousse au chocolat S'mores	189

81. Tasses à mousse de café	191
82. Coupes Mousse Caramel Salé	194
83. Coupes de mousse au nutella	196

DÔMES EN MOUSSE — 198

84. Dômes Mousse Fraise avec Insert Crème Pâtissière	199
85. Dômes Mousse Chocolat Orange	204
86. Dômes Panna Cotta et Mousse Mangue	209
87. Mini dôme de mousse aux myrtilles avec glaçage miroir	212
88. Dôme de tarte à la mousse de matcha	218

GÂTEAUX ET TARTEAUX MOUSSES — 221

89. Mousse de gâteau au fromage aux pépites de menthe	222
90. Mousse de gâteau au fromage de velours rouge	225
91. Mini-gâteaux à la mousse de cacao	228
92. Cupcakes souris	230
93. Tarte mousseuse au chocolat blanc fraise	232
94. Tourte à la mousse avec croûte d'oreo	235
95. Cannoli moelleux à la mousse au citron	238
96. Gâteau Bundt à la citrouille et à la levure	241
97. Gâteau mousse aux morceaux de chocolat surgelé Bailey's	243
98. tarte à la mousse à la crème irlandaise Bailey's	248
99. Mousse au chocolat de Bailey	250
100. Mousse Baileys avec pizzelle à la vanille	252

CONCLUSION — 254

INTRODUCTION

Une mousse est un plat salé ou sucré à la consistance d'une mousse dense, composée d'un ingrédient principal en purée mélangé à des blancs d'œufs battus en neige, de la crème fouettée ou les deux. Les mousses sont presque toujours des plats froids, et les mousses sucrées sont parfois servies congelées. Les mousses salées sont souvent préparées à partir de volaille, de foie gras, de poisson ou de crustacés, à consommer en entrée ou en entrée légère. Ils peuvent être stabilisés par addition de gélatine.

La mousse au chocolat, parmi les mousses les plus connues, peut être réalisée à partir de crème fouettée ou de blancs d'œufs montés, additionnés de chocolat doux-amer et de sucre. Les mousses au chocolat et au moka sont parfois faites avec une base de crème pâtissière. Pour une mousse de fruits, une purée ou un jus de fruits remplace le lait dans la crème pâtissière. Le terme mousse est également utilisé pour les desserts à la gélatine qui sont fouettés en mousse après avoir partiellement pris.

La mousse est née au 18ème siècle en France, où le mot mousse se traduit par «mousse», décrivant la texture aérée de la mousse.

MOUSSE CLASSIQUE

1. <u>Mousse Noisette</u>

Donne : 10 portions

INGRÉDIENTS:
GÂTEAU
- 1 tasse de farine tout usage
- 1 tasse de sucre granulé
- ¼ tasse + 2 cuillères à soupe de cacao en poudre non sucré
- 1 cuillère à café de bicarbonate de soude
- ½ cuillère à café de levure chimique
- ½ cuillère à café de sel
- ½ tasse de café chaud
- ½ tasse d'huile à saveur neutre
- ½ tasse de lait, entier ou allégé
- ½ cuillère à café d'extrait de vanille
- 1 œuf large

MOUSSE CHOCOLAT NOISETTES
- 1 ½ tasse de crème à fouetter épaisse, froide
- ¾ tasse de pâte à tartiner au chocolat et aux noisettes
- Suggestions de garniture/garniture
- Copeaux de chocolat
- PEPITES de chocolat
- Poudre de cacao sans sucre
- Crème fouettée

INSTRUCTIONS:
PRÉPARER LE GÂTEAU

a) Préchauffer le four à 325 °F et réserver un moule carré graissé de 8 pouces ou un moule rond de 9 pouces.

b) Dans un grand bol, fouetter ensemble la farine tout usage, le sucre, la poudre de cacao, le bicarbonate de soude, la poudre à pâte et le sel. Mettre de côté.

c) Dans un autre bol, fouetter ensemble le café, l'huile, le lait, la vanille et l'œuf.

d) Ajouter les INGRÉDIENTS liquides : au mélange de farine et fouetter jusqu'à ce que le tout soit bien mélangé. Transférer la pâte dans le moule préparé et cuire jusqu'à ce qu'un cure-dent inséré près du centre en ressorte propre, environ 30 à 40 minutes. Laisser refroidir dans le moule pendant 15 minutes, puis transférer sur une grille pour refroidir complètement.

PRÉPARER LA MOUSSE

e) Dans un grand bol, fouetter la crème à fouetter à vitesse moyenne-élevée jusqu'à la formation de pics fermes.

f) Ajouter la pâte à tartiner au chocolat et aux noisettes et incorporer délicatement jusqu'à ce qu'elle soit bien mélangée et qu'il ne reste plus de traces.

g) Si désiré, transférer la mousse dans une poche à douille.

ASSEMBLEZ LES BAGUETTES

h) Couper le gâteau refroidi en morceaux de la taille d'une bouchée.

i) Répartir la moitié des morceaux de gâteau dans les plats de service.

j) Pocher ou verser la moitié de la mousse sur le gâteau.

k) Garnir du reste du gâteau et de la mousse. Garnir à volonté.

l) Les bagatelles doivent être conservées au réfrigérateur jusqu'au moment de servir.

2. <u>Mousse à la limonade rose</u>

Donne : 4 portions

INGRÉDIENTS:
- 2 cuillères à café de zeste de citron, finement râpé
- 1 tasse de crème fouettée
- 1¼ tasse de sucre
- 1 cuillère à café d'extrait de citron
- Colorant alimentaire rose
- Fleurs comestibles, pour décorer

INSTRUCTIONS:
a) Réfrigérer le bol au congélateur jusqu'au moment de l'utiliser.
b) Dans un bol refroidi, fouetter tous les ingrédients jusqu'à ce qu'ils soient légers et mousseux.
c) Servir dans des verres à pied et décorer avec les fleurs comestibles de votre choix.

3. <u>Tiramisu mousse chocolat et caramel</u>

Donne : 12

INGRÉDIENTS:
- 400 g de chocolat noir, haché
- 400 g de chocolat au lait, haché
- 6 œufs, séparés
- 1 ½ feuilles de gélatine au titane, ramollies à l'eau froide pendant 5 minutes
- 900 ml de crème épaissie
- 2 cuillères à café de pâte de gousse de vanille
- ½ tasse de sucre semoule
- 1 tasse de liqueur de café
- 400 g de biscuits doigts de dame
- Cacao, épousseter

MOUSSE AU CARAMEL
- 800 ml de crème épaisse
- 2 feuilles de gélatine au titane, ramollies dans l'eau froide pendant 5 minutes
- 2 pots de 250 g de dulce de leche du commerce, battus légèrement pour les détacher

INSTRUCTIONS:
a) Placer les chocolats dans un bol résistant à la chaleur posé sur une casserole d'eau frémissante et remuer jusqu'à ce qu'ils soient fondus et lisses. Laisser refroidir légèrement, puis transférer dans un batteur sur socle avec l'accessoire à palette.
b) Battre les jaunes d'œufs.
c) Mettre 300 ml de crème dans une petite casserole à feu doux et porter à ébullition. Pressez l'excès d'eau de la gélatine et incorporez-la à la crème jusqu'à ce qu'elle soit fondue et combinée. En 3 lots, battre dans le mélange de chocolat jusqu'à consistance lisse. Transférer dans un grand bol propre.
d) Fouetter les 600 ml de crème restants avec la vanille jusqu'à formation de pics fermes. Froideur.

e) Placer les blancs d'œufs dans un batteur sur socle avec le fouet et fouetter jusqu'à formation de pics fermes. Ajouter le sucre, 1 cuillère à soupe à la fois, et fouetter jusqu'à ce qu'il soit dissous et que le mélange soit brillant.
f) Incorporer la crème fouettée à la préparation au chocolat, puis, en 2 fois, incorporer les blancs d'œufs montés en neige. Réfrigérer jusqu'au moment de l'assemblage.
g) Pour la mousse au caramel, placez 200 ml de crème dans une petite casserole à feu doux et portez à ébullition. Pressez l'excès d'eau de la gélatine et incorporez-la à la crème jusqu'à ce qu'elle soit fondue et combinée. Refroidir légèrement. Placer les 600 ml de crème restants dans un batteur sur socle avec le fouet et fouetter jusqu'à formation de pics mous. Incorporer le mélange de dulce de leche et de gélatine desserré jusqu'à homogénéité. Réfrigérer pendant 30 minutes.
h) Mettre la liqueur de café dans un grand bol. Tremper la moitié des biscuits doigts de dame dans la liqueur et les disposer en double couche dans le fond d'un plat de service de 6L. Déposer sur la moitié de la mousse au chocolat. Tremper les biscuits restants dans la liqueur et les disposer en double couche sur la mousse. Garnir de mousse caramel en lissant le dessus à la spatule. Réfrigérer pendant 2-3 heures jusqu'à ce qu'il soit pris. Placer le reste de la mousse au chocolat dans une poche à douille munie d'une douille unie de 1 cm et réfrigérer jusqu'à utilisation.
i) Pocher le reste de la mousse au chocolat sur le dessus de la mousse au caramel. Réfrigérer pendant 4 à 5 heures ou toute la nuit jusqu'à ce qu'ils soient pris. Saupoudrer de cacao, pour servir.

4. Mousse aux œufs de Pâques

Donne : 4 portions

INGRÉDIENTS:
- 8 tablettes de chocolat de 25g
- 25g Beurre
- 75g de guimauves Freedom
- 30 ml d'eau
- ½ cuillère à café d'extrait de vanille
- 140 ml de crème fraîche

INSTRUCTIONS:
a) Faire fondre 3 barres de chocolat dans un bol résistant à la chaleur au-dessus d'une casserole d'eau frémissante.
b) Retirez les moitiés d'œufs des moules et remettez-les au réfrigérateur.
c) Placez les barres de chocolat restantes, le beurre, les guimauves et l'eau dans une petite casserole.
d) Cuire à feu doux et bien remuer jusqu'à ce que le mélange soit une texture lisse. Retirer du feu et laisser refroidir.
e) Ajouter l'extrait de vanille à la crème double et fouetter jusqu'à formation de pics fermes
f) Incorporer délicatement la crème fouettée dans le mélange de chocolat lisse et répartir également entre les moules à œufs de Pâques.

5. Mousse au chocolat blanc et sauce kiwi

Donne : 4 portions
INGRÉDIENTS:
- 1½ feuilles de gélatine
- 7 onces de chocolat blanc
- 1 oeuf
- 3 kiwis
- Tranches de citrons
- Tranches de fraises ou de kiwi
- 1 jaune d'oeuf
- 1 cuillère à soupe de Cointreau ou Grand Marnier
- 10 onces de crème
- Tranches de fruits en sucre glace

INSTRUCTIONS:

a) Faire tremper les feuilles de gélatine dans de l'eau froide pendant 10 minutes pour les ramollir. Faire fondre le chocolat dans un bol résistant à la chaleur au-dessus d'une casserole d'eau chaude mais non bouillante. Laisser refroidir mais pas figer.

b) Battre l'œuf et le jaune d'œuf dans un bol en acier inoxydable au-dessus d'une casserole d'eau chaude mais non bouillante jusqu'à épaississement. Presser les feuilles de gélatine et les incorporer au mélange d'œufs chaud jusqu'à ce qu'elles soient fondues. Laisser refroidir en continuant de battre.

c) Ajouter le chocolat fondu au mélange, petit à petit, jusqu'à ce que le mélange soit lisse et homogène. Incorporer la liqueur.

d) Fouetter la crème jusqu'à consistance épaisse et l'incorporer délicatement au mélange de chocolat.

e) Mettez la mousse au réfrigérateur pendant 2 heures, jusqu'à ce qu'elle soit prise.

f) Pendant ce temps, préparez la sauce. Épluchez les kiwis et réduisez-les en purée au mélangeur ou au robot culinaire. Ajouter du sucre glace au goût, si nécessaire.

g) Réserver la sauce au frais jusqu'au moment de servir.

h) Verser un peu de sauce sur 4 plats individuels. Façonner la mousse en boules en forme d'œuf, à l'aide de deux cuillères à soupe chaudes, et les déposer sur la sauce.

i) Garnir de quelques feuilles de citron, de fraises tranchées ou de tranches de kiwi.

6. Mousse de melon au vin muscat

Donne : 6 portions

INGRÉDIENTS:
- 11 onces de chair de melon
- ½ tasse de vin Muskat doux
- ½ tasse) de sucre
- 1 tasse de crème épaisse
- ½ tasse) de sucre
- ½ tasse d'eau
- Fruits assortis
- 1½ cuillère à soupe de gélatine
- 2 blancs d'œufs
- 2 tasses de vin Muskat doux
- 1 bâton de cannelle
- 1 gousse de vanille

INSTRUCTIONS:
a) Dans un mélangeur, réduire la chair de melon en une purée lisse.
b) Mettez la gélatine et ½ tasse de vin Muskat dans une petite casserole et portez à ébullition en mélangeant bien pour vous assurer que la gélatine est complètement dissoute. Ajouter le mélange de gélatine au melon en purée et bien mélanger. Mettre sur un bol rempli de glaçons.
c) Pendant ce temps, fouetter les blancs d'œufs en ajoutant le sucre petit à petit, jusqu'à épaississement. Transférer la mousse dans un bol.
d) Pour faire la sauce, mettre le sucre et l'eau dans une casserole moyenne, porter à ébullition et cuire à feu doux jusqu'à ce qu'elle épaississe et devienne dorée. Ajouter 2 tasses de vin Muskat, le bâton de cannelle, la gousse de vanille et une bande de zeste d'orange. Bouillir.

7. Mousse d'avocat et micro-pousse

*Fait du:*3

INGRÉDIENTS:
- 2 généreuses poignées de micropousses douces + plus pour garnir
- 1 avocat
- 2 cuillères à soupe de jus de citron
- 1 tasse de lait de n'importe quelle sorte
- 1 banane
- 1 tasse de morceaux d'ananas
- 1 cuillère à soupe de graines de lin ou de chia
- 1 cuillère à soupe de sucre ou de miel, au goût

INSTRUCTIONS:
a) Mélanger tous les ingrédients jusqu'à consistance lisse.
b) Servir sur une assiette à dessert.
c) Garnir de micro-pousses.

8. Mousse de caroube à l'avocat

Donne : 1 portion

INGRÉDIENTS:
- 1 cuillère à soupe d'huile de noix de coco, fondue
- ½ tasse d'eau
- 5 dates
- 1 cuillère à soupe de poudre de caroube
- ½ cuillère à café de gousse de vanille moulue 1 avocat
- ¼ tasse de framboises, fraîches ou congelées et décongelées

INSTRUCTIONS:
a) Dans un robot culinaire, mélanger l'eau et les dattes.
b) Mélanger l'huile de noix de coco, la poudre de caroube et la gousse de vanille moulue.
c) Ajouter l'avocat et mélanger quelques secondes.
d) Servir avec des framboises dans un bol.

9. Mousse au chocolat à l'açaï

Donne : 4 portions

INGRÉDIENTS:
- 100 g de pépites de chocolat noir sans sucre
- 175 g de dattes dénoyautées
- 5 blancs d'œufs
- 3 cuillères à café de sucre de coco
- ¼ tasse de poudre d'açaï
- 2 tasses de yogourt grec/naturel
- 2 cuillères à soupe d'eau de coco en poudre
- 3 cuillères à soupe de miel

GARNITURE:
- Flocons de noix de coco
- Myrtilles/framboises

INSTRUCTIONS:

a) Mettre les dattes dans une casserole et couvrir d'eau. Porter à ébullition puis laisser mijoter jusqu'à ce que les dattes soient très tendres, en remuant de temps en temps.
b) Faire fondre le chocolat dans un bol résistant à la chaleur au-dessus d'une casserole d'eau bouillante. Laisser refroidir légèrement.
c) Traiter les dattes et le liquide bouillant restant dans un robot culinaire jusqu'à consistance lisse. Laisser refroidir, ajouter le chocolat et mélanger jusqu'à homogénéité.
d) Mélanger le yogourt, la poudre d'Açaí et le miel dans un bol jusqu'à homogénéité.
e) Battre les blancs d'œufs dans un bol très propre et sec jusqu'à ce qu'ils deviennent blancs et fermes. Ajouter 1 cuillère à café de sucre de coco et battre pendant une minute, ajouter le reste du sucre de coco et battre jusqu'à ce que les blancs d'œufs deviennent brillants.
f) Ajouter une petite cuillère de blanc d'œuf au mélange de dattes pour détacher, puis incorporer délicatement ⅓ des blancs d'œufs.
g) Verser une fine couche de mélange de dattes au chocolat dans chaque tasse et mettre au réfrigérateur pendant 15 minutes.
h) Pendant ce temps, incorporez délicatement les blancs d'œufs restants dans le mélange d'Açaí. Répartissez dans des verrines et placez au réfrigérateur pendant au moins une heure.
i) Servir garni de bleuets frais, de flocons de noix de coco, de noix ou de votre choix de garnitures !

10. Mousse de betterave

Donne : 1 portion

INGRÉDIENTS:
- 3 betteraves moyennes ; Cuit sur leur peau
- 2½ tasse de bouillon de poulet
- 2 paquets de gélatine sans saveur
- 1 tasse de yogourt sans saveur
- 2 cuillères à soupe de jus de citron ou de lime
- 1 petit oignon râpé
- 1 cuillère à soupe de sucre
- 1 cuillère à soupe de moutarde
- Sel et poivre; goûter

INSTRUCTIONS:
a) Betteraves épluchées et cuites en cubes.
b) Placer la gélatine dans un bol avec 6 T d'eau et remuer. Laisser reposer 2 minutes et verser le bouillon de poulet chaud en remuant.
c) Mixer ensemble tous les ingrédients sauf la gélatine. Assaisonnement correct.
d) Ajouter la gélatine refroidie et mélanger juste pour mélanger.
e) Verser dans un moule huilé pour prendre 6. Démouler et servir au centre de l'assiette entouré d'une salade poulet curry ou salade de crevettes

11. <u>Mousse au chocolat</u>

Donne : 2 portions

INGRÉDIENTS:
- 4 onces de lait d'amande
- 2 cuillères à soupe de mélange de superaliments protéinés au cacao
- 3 morceaux de viande de noix de coco
- 4 rendez-vous
- 1 cuillère à soupe de beurre de coco
- ½ avocat
- 1 cuillère à soupe de beurre de cacahuète, en poudre
- 2 cuillères à soupe de flocons de noix de coco
- 1 cuillère à café d'Ashwagandha
- ½ cuillère à café de poudre de perles
- ½ cuillère à café de sel de mer rose de l'Himalaya
- ½ cuillère à café de poudre de curcuma
- 1 cuillère à soupe de miel de Manuka
- 2 gouttes de stévia

INSTRUCTIONS:
a) Dans un mélangeur, combiner tous les ingrédients.
b) Servir garni de fruits frais, de fraises, de baies de goji, de granola et de flocons de noix de coco.

12. Mousse à la courge musquée

Donne : 4 portions

INGRÉDIENTS :
- 2 tasses de courge musquée, pelée et coupée en cubes
- 1 tasse d'eau
- 1 cuillère à café de jus de citron
- 1 tasse de noix de cajou ou de pignons de pin
- 4 dattes – dénoyautées et équeutées
- ½ cuillère à café de cannelle
- 1 cuillère à café de noix de muscade
- 2 cuillères à café d'extrait de vanille bio

INSTRUCTIONS :
a) Dans un mélangeur, combiner tous les ingrédients et mélanger pendant environ 5 minutes, ou jusqu'à ce que le tout soit bien mélangé.
b) Transférer dans des coupes individuelles ou un grand plat de service.
c) Cela peut être laissé au réfrigérateur pendant la nuit et les saveurs se mélangeront, ce qui le rendra encore plus épicé.
d) Arroser de sirop d'érable avant de servir.

13. Mousse d'oranges rôties

Donne : 4–6

INGRÉDIENTS:
- 2 grosses oranges, la peau nettoyée
- 2 tasses de sucre semoule
- 1¼ tasse de crème épaisse
- 1 tasse de yaourt nature
- 2 carrés de chocolat noir, râpés

INSTRUCTIONS:
a) Filmez chaque orange individuellement et placez-la sur un plateau.
b) Glissez le plateau dans le four à bois, fermez la porte et laissez reposer pendant 8 à 10 heures.
c) Placer les oranges et le sucre dans un robot culinaire et réduire en purée jusqu'à consistance lisse.
d) Versez le mélange d'oranges dans une passoire au-dessus d'un bol, en le poussant avec une cuillère et en jetant les morceaux moelleux.
e) Placer la crème dans un plat à mélanger séparé une fois que le mélange d'oranges a refroidi.
f) Incorporer le yaourt et la crème épaisse, en les faisant tourbillonner un peu pour montrer la couche orange.
g) Transférer à une assiette de service. Réfrigérer pendant environ une heure, ou jusqu'à ce que le tout soit pris.
h) Garnir de copeaux de chocolat.

14. Mousse à la mangue

INGRÉDIENTS:
- 3 livres de mangues mûres, pelées
- 1 1/2 tasses de crème fouettée
- 2 blancs d'œufs
- 2 cuillères à soupe de jus de citron vert
- 1 tasse de sucre
- 2 paquets de gélatine
- 1/2 tasse d'eau chaude

INSTRUCTIONS:
a) Réduire les mangues en purée dans un mélangeur ou un robot culinaire - filtrer ensuite si elles sont encore filandreuses
b) Versez la crème dans un petit bol et mettez au congélateur pendant 10 minutes Battez les blancs d'œufs en neige
c) Battez la crème jusqu'à ce qu'elle gonfle et placez au réfrigérateur
d) Ramollir la gélatine dans un peu d'eau froide, puis dissoudre la gélatine et le sucre dans la 1/2 tasse d'eau chaude Ajouter à la purée de mangue dans un bol à mélanger avec le jus de citron vert et le sucre au goût. La quantité de sucre et de citron vert dépend de l'acidité de la mangue et du goût personnel
e) Incorporer les blancs d'œufs, la crème et la mangue jusqu'à ce qu'ils soient bien mélangés Verser dans des plats de service et mettre au réfrigérateur pendant 6 heures

15. Mousse de Chocolat

Donne : 10 portions d'un quart de tasse

INGRÉDIENTS:
- 1 livre de tofu soyeux ou mou
- 1 cuillère à café d'extrait de vanille
- 1 cuillère à soupe de miel
- 3/4 cuillère à café de poudre de piment ancho pur 1/8 cuillère à café de sel
- 1/4 cuillère à café bombée de cannelle
- 5-1/4 onces de chocolat noir coupé en très petits morceaux
- 3 cuillères à soupe de Kahlua, Grand Marnier, Cointreau ou triple sec, ou substitut de jus d'orange

INSTRUCTIONS:
a) Mettez le tofu, la vanille, le miel, la poudre de piment, le sel et la cannelle dans le bol d'un robot culinaire muni de la lame en acier.
b) Placez un bol en acier inoxydable sur une casserole d'eau frémissante de taille petite à moyenne. Ajouter le chocolat et la liqueur ou le jus d'orange dans la casserole et remuer fréquemment avec une cuillère en bois jusqu'à ce que le chocolat ait complètement fondu, 1 à 2 minutes.
c) Ajouter le mélange de chocolat au robot culinaire et mélanger avec les autres ingrédients pendant 1 minute, en s'arrêtant au besoin pour racler les parois du bol. Verser le mélange dans un grand bol ou dans des petits plats de service séparés.
d) Couvrir d'une pellicule plastique et réfrigérer pendant plusieurs heures.

16. Mousses glacées au double chocolat

Donne : 6 portions

INGRÉDIENTS:
- 3 à 4 cuillères à soupe de lait très chaud
- Enveloppe de 1/4 once de gélatine non aromatisée
- 1 1/2 tasse de morceaux de chocolat blanc
- 4 cuillères à soupe de beurre non salé
- 2 gros blancs d'œufs
- 1/2 tasse de sucre extrafin
- 1/2 tasse de chocolat noir finement haché
- 1/2 tasse de crème épaisse, légèrement fouettée
- 1/2 tasse de yogourt à la grecque
- 18 grains de café enrobés de chocolat ou raisins secs
- 1 cuillère à café de cacao en poudre non sucré, tamisé

INSTRUCTIONS:

a) Saupoudrer la gélatine sur le lait chaud et remuer pour dissoudre.
b) Si nécessaire, passez au micro-ondes pendant 30 secondes pour l'aider à se dissoudre. Faire fondre doucement le chocolat blanc et le beurre jusqu'à consistance lisse. Incorporer la gélatine dissoute et laisser refroidir, mais ne pas laisser raffermir à nouveau.
c) Monter les blancs d'œufs en neige ferme, puis incorporer progressivement le sucre et incorporer le chocolat noir.
d) Mélangez délicatement le chocolat blanc refroidi, la crème fouettée, le yaourt et les blancs d'œufs. Répartir le mélange dans 6 moules individuels ou un grand moule recouvert d'une pellicule plastique pour faciliter le démoulage. Bien aplatir les sommets. Couvrir et congeler pendant 1 à 2 heures ou toute la nuit.
e) Pour servir, desserrez les bords supérieurs avec un petit couteau. Retournez chaque moule sur une assiette de service et essuyez-le avec un chiffon chaud, ou détachez délicatement la mousse avec le film plastique.
f) Remettez les mousses au congélateur, jusqu'au moment de les déguster.
g) Servir avec des grains de café enrobés de chocolat ou des raisins secs et un léger tamisage de chocolat en poudre.

17. Mousse à l'érable glacée

Donne : 6 portions

INGRÉDIENTS:
- 3/4 tasse de vrai sirop d'érable
- jaunes d'œufs, bien battus
- 2 tasses de crème à fouetter, fouettée fermement

INSTRUCTIONS:
a) Faire chauffer le sirop en haut du bain-marie. Ajouter un peu de sirop aux jaunes d'œufs, puis incorporer les jaunes au sirop. Cuire, en remuant constamment, jusqu'à épaississement. Retirer du feu et bien refroidir.
b) Incorporer le mélange à la crème fouettée.
c) Versez dans des moules ou des verres à dessert, servez frais ou congelé.

18. Mousse au café

Donne : 4

INGRÉDIENTS:
- 2 1/2 cuillères à soupe de sucre en poudre
- 4 œufs
- 3/4 tasse + 2 cuillères à soupe de crème épaisse
- 3 cuillères à soupe de poudre de café instantané
- 1 cuillère à soupe de cacao en poudre non sucré
- 1 cuillère à café de gélatine en poudre
- 1 cuillère à soupe de poudre de café instantané et de poudre de cacao, mélangées - facultatif, pour finir la mousse

INSTRUCTIONS:

a) Séparez les jaunes d'œufs et les blancs. Mettez les Jaunes d'Oeufs dans un grand bol et les Blancs dans le bol de votre Mixeur. Mettre de côté.
b) Placer la poudre de gélatine dans un petit bol avec l'eau froide, mélanger et laisser tremper.
c) Ajouter le sucre semoule aux jaunes d'œufs et fouetter jusqu'à ce qu'ils soient mousseux et de couleur plus claire.
d) Placez la crème épaisse, la poudre de café instantané et la poudre de cacao dans une petite casserole et faites chauffer à feu doux jusqu'à ce que les poudres soient dissoutes, en remuant de temps en temps. Ne laissez pas bouillir la crème.
e) Verser la crème épaisse chaude sur le jaune d'œuf et le sucre en fouettant. Fouettez bien, puis remettez dans la casserole à feu doux. Continuez à fouetter jusqu'à ce que la crème commence à épaissir, puis retirez directement du feu et transférez dans un grand bol propre.
f) Ajouter la gélatine réhydratée à la crème et bien fouetter jusqu'à ce qu'elle soit complètement intégrée. Laisser refroidir complètement.
g) Pendant que la crème refroidit, commencez à fouetter les blancs d'œufs pour obtenir des pics fermes.
h) Lorsque la crème est froide, incorporer délicatement les Blancs d'Oeufs Montés en 3 à 4 fois. Essayez de ne pas trop travailler la crème.
i) Versez la mousse au café dans des tasses ou des bocaux individuels et placez au réfrigérateur pour prendre pendant au moins 2 heures.
j) Facultatif : au moment de servir, saupoudrez de poudre de café instantané et de poudre de cacao sur les mousses pour les finir.

19. Mousse de Liqueur de Café

INGRÉDIENTS:
- 4 œufs, séparés
- 1/4 tasse de liqueur de café
- 1/4 tasse de sirop d'érable
- 1/8 tasse de cognac
- 1 litre d'eau
- 1 cc de crème fouettée

INSTRUCTIONS:

a) Au mélangeur ou au batteur électrique, mélanger les jaunes d'œufs, le sirop d'érable et l'eau. Transférer dans une casserole et porter à ébullition. Retirer du feu et ajouter la liqueur de café et le cognac. Froideur.
b) Battre la crème et les blancs d'œufs jusqu'à formation de pics mous.
c) Incorporer délicatement au mélange de liqueur refroidi.
d) Verser dans des verres demi-tasse et réfrigérer 2 heures.

20. Mousse margarita aux fraises

Donne : 5 portions

INGRÉDIENT:
- 4 tasses de fraises entières, équeutées
- 1 tasse de sucre
- 3 cuillères à soupe d'eau bouillante
- 4 cuillères à café de gélatine sans saveur
- ¼ tasse de Téquila
- 1 cuillère à soupe de Triple sec ou autre liqueur à l'orange
- 2 tasses de yogourt nature sans gras

INSTRUCTIONS:

a) Placer les fraises dans un mélangeur et mélanger jusqu'à consistance lisse.

b) Verser dans un grand bol; incorporer le sucre. Couvrir et laisser reposer 30 minutes en remuant de temps en temps.

c) Mélanger l'eau bouillante et la gélatine dans un petit bol; laisser reposer 5 minutes ou jusqu'à ce que la gélatine soit dissoute, en remuant constamment. Ajouter la tequila et le triple sec, et bien mélanger. Incorporer le mélange de gélatine au mélange de fraises.

d) Couvrir et réfrigérer pendant 10 minutes ou jusqu'à ce que le mélange commence à épaissir. Ajouter le yogourt en remuant avec un fouet jusqu'à ce qu'il soit bien mélangé.

e) Répartir le mélange uniformément dans 5 verres à margarita ou grands verres à pied; couvrir et réfrigérer au moins 4 heures ou jusqu'à ce que le tout soit pris.

21. Mousse de potiron crémeuse

Donne : 10

INGRÉDIENTS:
- Boîte de 15 onces 100% pure citrouille
- Paquet de 6 portions de mélange instantané de pouding à la vanille sans sucre
- 1/4 tasse de lait faible en gras
- 1 cuillère à café de cannelle moulue
- 2 tasses de garniture fouettée légère surgelée, décongelée

INSTRUCTIONS:
a) Dans un bol moyen, avec un batteur électrique à vitesse moyenne, battre la citrouille, le mélange à pouding, le lait et la cannelle jusqu'à ce qu'ils soient bien mélangés.
b) Incorporer la garniture fouettée jusqu'à ce qu'elle soit bien mélangée, puis verser dans un bol de service ou des verres à dessert individuels.
c) Couvrir lâchement et réfrigérer jusqu'au moment de servir.

22. Mousse petit-déjeuner gâteau au fromage au citron

Fait : 2

INGRÉDIENTS:
- 3 cuillères à soupe de fromage à la crème
- 1 cuillère à soupe de jus de citron
- 1,69 onces de crème épaisse
- 3,38 onces de yaourt
- 1 cuillères à soupe de xylitol
- 1/8 cuillère à café de sel
- 2 cuillères à soupe de poudre de protéines de lactosérum

INSTRUCTIONS:
a) Mélanger le fromage à la crème et le jus de citron dans un bol jusqu'à consistance lisse.
b) Ajouter la crème épaisse et mélanger jusqu'à ce qu'elle soit fouettée. Ajouter délicatement le yaourt.
c) Goûtez et ajustez l'édulcorant si nécessaire.
d) Servir avec ¼ tasse de coulis de baies.

23. Mousse à l'amaretto

Donne : 6 portions

INGRÉDIENTS:
- 1 pinte de crème fouettée
- 1 cuillère à soupe de gélatine en poudre
- 3 onces de liqueur d'Amaretto
- 4 œufs
- 3 cuillères à soupe de sucre glace
- Extrait de vanille, au goût
- Extrait d'amande, au goût
- 1 tasse d'amandes tranchées et grillées

INSTRUCTIONS:
a) Fouettez la crème fraîche épaisse. Placer au réfrigérateur jusqu'à utilisation.
b) Dissoudre la poudre de gélatine dans l'Amaretto au bain-marie. Garder au chaud jusqu'à utilisation.
c) Mélanger les œufs et le sucre glace dans un bain-marie séparé.
d) Chauffer à feu doux jusqu'à ce qu'il soit chaud en fouettant constamment.
e) Retirer le mélange d'œufs et de sucre du feu et mélanger à grande vitesse jusqu'à ce que la consistance soit ferme.
f) Incorporer le mélange de gélatine aux œufs.
g) Incorporer la crème fouettée et ajouter la vanille et l'extrait d'amande au goût.
h) Remplissez les verres à dessert et placez-les au réfrigérateur jusqu'à ce qu'ils soient fermes, environ 1 heure.
i) Garnir d'amandes tranchées et grillées.

24. Mousse d'abricot

Donne : 6 portions

INGRÉDIENTS:
- 1¾ tasse d'eau
- 6 onces de gélatine au citron
- 8 abricots mûrs
- 2 cuillères à soupe de Brandy ou d'eau-de-vie d'abricot
- 1 tasse de crème fouettée, fraîche

INSTRUCTIONS:

a) Dans une grande casserole, porter l'eau à ébullition. Retirer du feu, ajouter la gélatine et remuer jusqu'à ce qu'elle soit dissoute. Réserver et laisser refroidir.

b) Rincez bien les abricots, coupez-les en deux et retirez les noyaux. Réduire en purée dans un mélangeur ou un robot culinaire jusqu'à consistance lisse. Ajouter les abricots en purée et le brandy au mélange de gélatine refroidi et réfrigérer jusqu'à ce que le tout épaississe légèrement, environ 1 heure.

c) Battre légèrement le mélange d'abricots, puis incorporer la crème fouettée.

d) Transférer la mousse dans un moule ou un plat de service et réfrigérer jusqu'à ce qu'elle soit ferme.

25. Mousse de forêt noire

Donne : 10 portions

INGRÉDIENTS:
- 1 once de chocolat non sucré ; fondre
- 14 onces de lait concentré sucré
- 1 tasse d'eau froide
- 1 paquet de pouding instantané au chocolat ; 4 portions
- ¾ cuillère à café d'extrait d'amande
- 2 tasses de crème épaisse; fouetté
- 21 onces de garniture pour tarte aux cerises ; glacé

INSTRUCTIONS:
a) Dans un grand bol, battre le chocolat avec le lait concentré sucré.
b) Incorporer l'eau puis le mélange à pouding et ½ cuillère à café d'extrait. Congeler 5 minutes. Incorporer la crème fouettée.
c) Répartir des portions égales dans 10 coupes à dessert.
d) Incorporer le ¼ de cuillère à café d'extrait restant dans la garniture pour tarte aux cerises; verser sur les desserts.

26. Mousse de noix de pécan au beurre

Donne : 4 portions

INGRÉDIENTS :
- ¾ tasse de noix de pécan
- 1 cuillère à soupe de beurre, fondu
- Deux paquets de 8 onces de fromage à la crème ramolli
- ¼ tasse) de sucre
- ¼ tasse de cassonade bien tassée
- ½ cuillère à café de vanille
- 1 tasse de crème à fouetter, fouettée
- Morceaux de noix de pécan grillées pour la garniture

INSTRUCTIONS :

a) Enrober les pacanes de beurre ; cuire sur une plaque à pâtisserie à 350F. environ 5 minutes jusqu'à ce qu'il soit grillé. Hacher finement ; mettre de côté.

b) Battre le fromage à la crème ; incorporer les sucres et la vanille. Incorporer les noix de pécan.

c) Incorporer la crème fouettée aux pacanes ; incorporer dans des plats de service. Garnir de morceaux de noix de pécan grillées.

27. Mousse aux cerises

Donne : 6 portions

INGRÉDIENTS:
- 6 gros œufs, séparés
- ½ tasse) de sucre
- ¼ tasse plus 2 cuillères à soupe d'eau
- 3½ pinte de crème épaisse
- 3½ tasse de cerises acidulées ou douces, réduites en purée

INSTRUCTIONS:
a) Mettre les blancs au réfrigérateur et les jaunes dans un grand bol en inox et réserver.
b) Dans une casserole à fond épais, mélanger le sucre et l'eau. Mélanger jusqu'à dissolution et placer sur feu vif. Faire bouillir 2 à 3 minutes. Lorsqu'il est clair et que le sucre est complètement dissous, retirer du feu et incorporer rapidement les jaunes d'œufs.
c) Avec un malaxeur, battre ce mélange à haute vitesse pendant 5 à 8 minutes ou jusqu'à ce qu'il soit ferme et brillant. Mettre de côté.
d) Fouetter la crème jusqu'à formation de pics fermes et réserver. Fouetter les blancs d'œufs pour former des pics fermes et réserver.
e) Ajouter la purée de cerises au mélange de jaunes d'œufs et bien mélanger. Incorporer la crème fouettée puis les blancs d'œufs. Verser dans des plats de service individuels ou un grand bol et réfrigérer rapidement pendant au moins 2 heures, plus longtemps si possible.
f) Servir avec de la crème fouettée ou des noix comme garniture.

28. Mousse aux agrumes

Donne : 8 portions

INGRÉDIENTS:
- ⅓ tasse de sucre
- 1 enveloppe de gélatine sans saveur
- 1½ cuillère à café de fécule de maïs
- 2 cuillères à café de zeste d'orange ou de zeste de mandarine finement râpé
- 1 tasse de jus d'orange ou de jus de mandarine
- 4 oeufs battus
- 2 cuillères à soupe de liqueur d'orange
- 6 blancs d'œufs
- 3 cuillères à soupe de sucre
- 1½ tasse de crème fouettée

INSTRUCTIONS:

a) Dans une grande casserole, mélanger ⅓ tasse de sucre, la gélatine et la fécule de maïs.
b) Incorporer le zeste d'orange, le jus d'orange et les jaunes d'œufs.
c) Cuire et remuer à feu doux jusqu'à ce que la gélatine soit dissoute et que le mélange soit légèrement épaissi. Retirer du feu.
d) Incorporer la liqueur d'orange. Refroidir jusqu'à consistance du sirop de maïs, en remuant fréquemment. Retirer du réfrigérateur.
e) Battez immédiatement les blancs d'œufs jusqu'à ce qu'ils forment des pics mous. Ajouter graduellement les 3 cuillères à soupe de sucre, en battant jusqu'à ce que des pics se forment encore.
f) Lorsque le mélange de gélatine est partiellement pris, incorporer les blancs d'œufs.
g) Dans un grand bol mélangeur, battre la crème à fouetter jusqu'à la formation de pics mous. Incorporer au mélange de gélatine.
h) Refroidir jusqu'à ce que le mélange monte en cuillère. Transformer en un plat à soufflé de 2 pintes. Couvrir et réfrigérer environ 6 heures ou jusqu'à consistance ferme.

29. Foie gras et mousse de truffe

Donne : 1 portions

INGRÉDIENTS:
- 1 1/4 livres de foie gras de catégorie A; à température ambiante
- ¼ tasse de cognac
- ¼ tasse de crème épaisse
- Sel
- Poivre noir fraîchement moulu
- ½ once de truffes noires finement hachées
- 1 douzaine de points de pain grillé

INSTRUCTIONS:
a) Dans un robot culinaire muni d'une lame en métal, ajouter le fois gras et réduire en purée jusqu'à consistance lisse. Ajouter le cognac et la crème.
b) Traiter jusqu'à consistance lisse. Assaisonnez avec du sel et du poivre.
c) Retirer du processeur et incorporer les truffes.
d) Verser la mousse dans un plat en porcelaine de 2 tasses.
e) Servir la mousse à température ambiante avec les pointes de pain grillé.

30. Mousse aux fleurs et au rhum

Donne : 8 portions

INGRÉDIENTS:
- 6 onces de chocolat amer
- 6 gros œufs, séparés
- 1 cuillère à soupe de Cointreau ou Grand Marnier
- ¾ tasse de crème à fouetter
- PEPITES de chocolat
- 8 œillets ou autres petites fleurs
- Brandy

INSTRUCTIONS:
a) Dans le haut d'un bain-marie sur de l'eau frémissante, faire fondre le chocolat. Retirez-le du feu, laissez-le refroidir.
b) Battez les blancs d'œufs jusqu'à ce qu'ils forment des pics et que le mélange soit brillant mais pas sec; mettez-les de côté. battre légèrement les jaunes d'œufs avec le rhum.

31. Mousse au citron vert de Floride

Donne : 6 portions

INGRÉDIENTS:
- ¾ tasse de jus de lime frais
- 1 Enveloppe de gélatine sans saveur
- 4 gros œufs ; séparés, à température ambiante
- ¾ tasse de sucre
- 1 tasse de crème fouettée froide
- Crème fouettée
- Noix de coco râpée grillée

INSTRUCTIONS:
a) Placer 2 cuillères à soupe de jus de lime dans un petit bol; saupoudrer de gélatine. Réserver pour ramollir.
b) Fouetter les jaunes dans une petite casserole lourde pour mélanger. Fouetter le reste du jus de citron vert, puis ½ tasse de sucre.
c) Cuire à feu doux jusqu'à ce que le mélange épaississe légèrement en remuant constamment. Retirer du feu.
d) Ajouter la gélatine; remuer pour dissoudre. Verser dans un grand bol. Cool.
e) Battre 1 tasse de crème dans un bol moyen jusqu'à formation de pics mous. Ajouter graduellement le reste du sucre et battre jusqu'à consistance ferme. À l'aide de fouets propres et secs, battre les blancs dans un autre bol jusqu'à la formation de pics mous. Incorporer les blancs à la crème. Incorporer délicatement le mélange de crème au mélange de citron vert. Répartir dans six coupes à crème anglaise de 5 onces.
f) Couvrir et réfrigérer jusqu'à consistance ferme.
g) Garnir chaque mousse d'une cuillerée de crème fouettée. Saupoudrer de noix de coco.

32. Mousse au chocolat grand marnier

Donne : 6 portions

INGRÉDIENTS:
- 4½ cuillères à café de gélatine sans saveur
- ¾ livres de morceaux de chocolat mi-amer
- ½ tasse Plus
- 2 cuillères à soupe de Grand Marnier
- 2¼ tasse de crème épaisse bien froide
- ¾ tasse de sucre extrafin
- ⅓ tasse de sucre granulé
- 2 cuillères à soupe Fine julienne de zeste d'orange

INSTRUCTIONS:

a) Dans un petit bol, saupoudrer la gélatine sur ⅓ tasse d'eau froide. Ramollir pendant 5 minutes et dans une petite casserole chauffer et remuer le mélange à feu modéré jusqu'à ce que la gélatine se dissolve. Dans un bain-marie sur de l'eau à peine frémissante, faire fondre le chocolat en remuant jusqu'à consistance lisse. Fouetter le mélange de gélatine et ¼ tasse plus 2 cuillères à soupe de Grand Marnier jusqu'à ce que le mélange soit lisse. Retirer du feu en gardant la casserole au-dessus de l'eau chaude.

b) Battez la crème dans un bol refroidi avec un batteur électrique en ajoutant le sucre semoule un peu à la fois. Ajouter le ¼ de tasse de Grand Marnier restant et battre le mélange jusqu'à ce qu'il forme des pics fermes. Transférer 1-½ tasse de mélange de crème fouettée dans un petit bol et réserver, couvert et réfrigéré. Retirer le mélange de chocolat du dessus de l'eau chaude et laisser refroidir pendant 30 secondes.

c) Avec le batteur, incorporer le reste du mélange de crème fouettée jusqu'à ce qu'il soit bien mélangé.

d) Répartir la mousse dans six gobelets de 1 tasse et réfrigérer, recouvert d'une pellicule plastique, pendant 30 à 40 minutes ou jusqu'à ce qu'elle soit presque prise. Avec une petite cuillère, prélevez une cuillère à soupe au centre de chacun, transférez la mousse évidée dans une petite casserole.

e) Remplir les dépressions avec une partie du mélange de crème fouettée réservé. Remuer la mousse évidée à feu doux jusqu'à consistance lisse. Versez-le sur les mousses et placez-les au frais sous film plastique pendant 2 heures.

f) Dans de l'eau bouillante, blanchir le zeste d'orange pendant 1 min. et égoutter. Dans la même casserole, combiner le zeste, le sucre et ¼ de tasse d'eau. Porter à ébullition à feu modéré, en remuant jusqu'à ce que le sucre se dissolve et faire bouillir 4 minutes ou jusqu'à ce que la croûte soit translucide et que le liquide soit réduit. Ajouter ¼ tasse d'eau froide. Porter le liquide à ébullition et filtrer le mélange à travers un tamis fin, en jetant le liquide. Laisser refroidir l'écorce.

g) A l'aide d'une poche à douille, décorer avec le reste de crème fouettée et saupoudrer de croûte confite.

33. Mousse glacée au café

Donne : 1 portions

INGRÉDIENTS:
- ½ cuillère à café de gélatine sans saveur
- 2 cuillères à soupe d'eau
- ½ tasse de lait concentré sucré
- 1½ cuillère à café de poudre d'espresso instantané
- ½ cuillère à café de vanille
- ½ tasse de crème épaisse bien froide

INSTRUCTIONS:
a) Dans une petite casserole, saupoudrer la gélatine sur l'eau et laisser ramollir pendant 2 minutes.
b) Ajouter le lait et la poudre d'espresso et faire chauffer le mélange à feu modéré en fouettant constamment jusqu'à ce que la poudre soit dissoute.
c) Retirer la casserole du feu, incorporer la vanille et placer la casserole dans un bol de glace et d'eau froide, en remuant le mélange toutes les quelques minutes jusqu'à ce qu'il soit épais et froid.
d) Dans un petit bol, battre la crème jusqu'à ce qu'elle tienne des pics fermes et y incorporer doucement mais complètement le mélange de café.
e) Verser la mousse dans 2 verres à pied refroidis et mettre au frais jusqu'au moment de servir.

34. Mousse à la guimauve

Donne 4-6

INGRÉDIENTS:
- 250 g de guimauves
- 200 ml moitié-moitié
- 1/2 tasse de yogourt grec
- 3 gouttes de gel alimentaire violet, facultatif
- 3 gouttes de gel alimentaire rose, facultatif
- 3 gouttes de gel alimentaire orange, facultatif

INSTRUCTIONS:
a) À feu doux, faites cuire lentement les guimauves et 2 cuillères à soupe de moitié-moitié dans une petite casserole en remuant continuellement. Ils peuvent brûler facilement alors gardez un œil sur eux.
b) Retirer du feu et continuer à remuer s'ils semblent brûler.
c) Une fois que les guimauves ont fondu et que le mélange est lisse, laissez refroidir pendant 5 minutes.
d) Ajouter la moitié-moitié restante et le yogourt et mélanger pour mélanger.
e) Selon le nombre de couches, répartissez le mélange dans des bols et colorez avec des gels violet, rose et orange.
f) Pour superposer, verser délicatement la première couche dans des verres de service. Réfrigérer pendant 5 à 10 minutes. Répétez avec le reste des couches.
g) Réfrigérer jusqu'à ce que vous en ayez besoin. Au moment de servir, laisser reposer à température ambiante pendant 15 minutes.

35. Fondues à la mousse de Toblerone avec meringues

Donne : 1 portion

INGRÉDIENTS:
- 7 onces de chocolat amer Toblerone
- ⅓ tasse de crème épaisse
- 3 blancs d'œufs
- ⅓ tasse de sucre
- Des fraises
- Carambole, tranchée
- Raisins rouges et verts sans pépins
- Abricots secs

INSTRUCTIONS

a) Dans un bol en métal posé sur une casserole d'eau à peine frémissante, faire fondre le chocolat avec la crème en remuant, retirer le bol de la casserole et laisser refroidir le mélange le temps de faire la meringue.

b) Dans un autre bol en métal, mélanger les blancs et le sucre, placer le bol au-dessus d'une casserole d'eau chaude mais non frémissante, et remuer le mélange jusqu'à ce que le sucre soit dissous.

c) À l'aide d'un batteur électrique à main, battre la meringue pendant 5 minutes ou jusqu'à ce qu'elle forme des pics fermes et brillants et qu'elle soit chaude au toucher.

d) Retirez le bol de la casserole et continuez à battre la meringue jusqu'à ce qu'elle soit froide. Transférer 1 tasse de meringue dans une poche à douille munie d'une petite douille décorative, incorporer le reste de la meringue au mélange de chocolat délicatement mais soigneusement, et répartir la mousse dans 6 coupelles.

e) Sur une plaque à pâtisserie tapissée de papier sulfurisé ou de papier d'aluminium, pocher le reste de la meringue en bandes de 2 pouces et cuire les bandes au milieu d'un four préchauffé à 300°. F. four pendant 15 minutes, ou jusqu'à ce qu'ils soient légèrement dorés.

f) Laisser refroidir les meringues sur la plaque de cuisson et les décoller du papier.

g) Les meringues peuvent être préparées 2 jours à l'avance et conservées dans une boîte hermétique. Servir les meringues et les fruits à tremper dans les fondues à la mousse.

36. Mousse de foie de canard

Donne : 6 portions

INGRÉDIENTS:
- 1 livre de foies de canard, nettoyés
- 1 cuillère à soupe de sel casher
- 2 à 3 grosses échalotes hachées
- 1 once de cognac
- 1 cuillère à soupe de poivre frais
- 1 once de liqueur de noisette
- 1 cuillère à soupe de muscade
- 3 tasses de crème épaisse

INSTRUCTIONS:
a) Mettre le foie, les échalotes, le poivre, la muscade, le sel, le cognac et la liqueur dans le robot culinaire et réduire en purée. Avec la machine en marche, ajoutez 3 tasses de crème épaisse. Passer au tamis fin. Cuire au bain-marie à 325 à 350 jusqu'à ce que le centre soit ferme au toucher.

37. Mousse d'amandes au chocolat

Donne : 6 portions

INGRÉDIENTS:
- 1 enveloppe de gélatine en poudre non sucrée
- ¼ tasse d'eau froide
- 2 chocolats à cuire non sucrés
- Carrés
- 1 Carré de Chocolat Mi-Sucré
- ½ tasse de lait
- ½ tasse) de sucre
- 1 pinte de crème épaisse
- ¼ cuillère à café d'extrait d'amande
- ½ tasse d'amandes blanchies - grillées
- & haché

INSTRUCTIONS:

a) Faire ramollir la gélatine dans l'eau. Faire fondre le chocolat dans le lait au-dessus de l'eau bouillante.

b) Ajouter le sucre et remuer jusqu'à ce qu'il se dissolve complètement. Laissez refroidir. Fouetter la crème jusqu'à ce qu'elle se dresse en pics mous. Incorporer l'extrait d'amande et les amandes hachées dans le chocolat refroidi. Incorporer ⅓ de la crème fouettée au mélange de chocolat. Incorporer ensuite le reste de crème. Verser dans un joli bol de service et laisser prendre au réfrigérateur, recouvert d'une pellicule plastique, pendant au moins 2 heures ou toute la nuit. Décorez de crème fouettée, de violettes confites, de chocolat sucré râpé ou d'amandes grillées avant de servir.

38. Mousse de chair de crabe

Donne : 6 portions

INGRÉDIENTS:
- 1 cuillère à soupe de gélatine sans saveur
- ¼ tasse d'eau froide
- 1 tasse de soupe aux champignons non diluée
- 8 onces de fromage à la crème, ramolli
- 1 tasse de mayonnaise
- ¾ tasse de céleri finement haché
- 6½ onces de chair de crabe royal d'Alaska, égouttée
- 1 cuillère à soupe d'oignon râpé
- 1½ cuillère à café de sauce Worcestershire

INSTRUCTIONS:

a) Faire tremper la gélatine dans de l'eau froide pour la ramollir. Faire chauffer la soupe. Incorporer la gélatine dans la soupe chaude, en s'assurant qu'elle est dissoute. Ajouter le fromage à la crème et la mayonnaise. Battre jusqu'à obtenir une consistance lisse. Ajouter le céleri, la chair de crabe, l'oignon et le Worcestershire. Verser dans le moule et mettre au frais. Servir avec des craquelins club.

39. Mousse cappuccino cacao

Donne : 8 portions

INGRÉDIENTS:
- 1 boîte (14 oz) de lait concentré sucré
- ⅓ tasse de cacao
- 3 cuillères à soupe de beurre ou de margarine
- 2 cuillères à café de café instantané ou d'expresso ; dissous dans
- 2 cuillères à café d'eau chaude
- 2 tasses (1 pinte) de crème à fouetter froide

INSTRUCTIONS:

a) Mélanger le lait concentré sucré, le cacao, le beurre et le café dans une casserole moyenne. Cuire à feu doux en remuant constamment jusqu'à ce que le beurre fonde et soit lisse. Retirer du feu et laisser refroidir. Battre la crème à fouetter jusqu'à ce qu'elle soit ferme.

b) Incorporer graduellement le mélange de chocolat à la crème fouettée. Répartir dans des coupes à dessert et réfrigérer environ 2 h. jusqu'à ce qu'il soit réglé. Garnir comme désiré (plus de crème fouettée et/ou saupoudrer légèrement de cacao sur le dessus.

40. Mousse de crabe et avocat

Donne : 6 portions

INGRÉDIENTS :
- 2 cuillères à soupe de gélatine sans saveur
- 1 tasse de bouillon de légumes ou de poulet
- 2 avocats ; pelés, dénoyautés et coupés en morceaux de 1/2 pouce
- 1½ tasse de chair de crabe
- 1 cuillère à café de sel
- ½ cuillère à café de poivre blanc
- ⅛ cuillère à café de muscade moulue
- 2 cuillères à soupe Madère
- 1½ tasse de crème sure
- Tranches de concombre pour la garniture

INSTRUCTIONS :
a) Faire ramollir la gélatine dans le bouillon dans une casserole. Placer sur feu moyen et porter à ébullition en remuant de temps en temps. Retirer du feu et laisser refroidir à température ambiante.
b) Versez ¼ de tasse du mélange de gélatine dans un moule réfrigéré de 4 tasses et placez-le au congélateur jusqu'à ce qu'il soit pris, environ 5 minutes.
c) Placer les avocats dans un bol de travail. Ajouter la chair de crabe, le sel, le poivre, la noix de muscade, le madère, la crème sure et le reste du mélange de bouillon de gélatine.
d) Bien mélanger. Verser dans le moule préparé. Mettre au frais au moins 4 heures avant de démouler. Garnir de tranches de concombre avant de servir.

41. Mousse aux oeufs au curry

Donne : 10 portions

INGRÉDIENTS:
- 1 boîte de 430g de lait évaporé
- 1 boîte de 430 g de soupe type crémeuse
- 1 cuillère à soupe de curry en poudre
- 2 cuillères à café de poudre d'oignon
- 1 cuillère à soupe de jus de citron ou de lime
- 1 petit bocal d'œufs de lompe
- 1 cuillère à soupe de gélatine
- 8 Oeufs, durs, hachés
- Sel au goût
- 1 cuillère à soupe de persil ou de ciboulette hachée
- 2 feuilles d'estragon ou d'aneth
- 1 citron vert ou citron
- GARNIR

Pour 6 personnes au déjeuner ou 10 en entrée.

INSTRUCTIONS:

a) Faire fondre la gélatine avec un peu d'eau chaude et remuer jusqu'à ce qu'elle soit claire.

b) Fouetter ½ boîte de lait évaporé jusqu'à épaississement. Mettre le reste du lait dans un mélangeur avec la soupe, la poudre de curry, la poudre d'oignon, le jus de citron vert ou de citron, la gélatine fondue et les œufs grossièrement hachés, mélanger jusqu'à consistance lisse. Incorporer ce mélange avec le persil haché dans le lait fouetté. Ajouter du sel au goût.

c) Verser dans un monticule humide et réfrigérer jusqu'à ce qu'il soit pris, puis démouler et étaler le caviar sur le dessus. Entourez la mousse de citron vert ou de citron émincé et de brins d'herbes fraîches. Servir avec une salade verte (et de la viande froide si désiré).

42. Mousse au chocolat noir et dense

Donne : 10 portions

INGRÉDIENTS:
- ¾ tasse de beurre doux
- 1½ tasse de cacao
- 1 tasse de crème épaisse; bien frais.
- 6 œufs ; température ambiante.
- 1¼ tasse 10x sucre
- 3 cuillères à soupe de sucre 10x
- 2 Tb Cognac
- 1½ cuillère à soupe de café fort

INSTRUCTIONS:
a) Faire fondre le beurre; incorporer le cacao jusqu'à consistance lisse; cool.
b) Fouetter la crème dans un bol en acier ou en verre réfrigéré jusqu'à consistance ferme; mettre de côté.
c) Dans un grand bol, battre les jaunes d'oeufs avec 1/2 tasse 10x de sucre jusqu'à consistance légère
d) Mélanger le cognac et le café. Mettre de côté.
e) Battre les blancs d'œufs jusqu'à consistance mousseuse. Ajouter graduellement le sucre 10x restant et battre jusqu'à ce que des pics fermes se forment.
f) Incorporer délicatement le mélange de cacao au mélange de jaunes d'œufs.
g) Verser dans un bol de service. Couvrir et réfrigérer toute la nuit. Sortir du 'réfrigérateur' environ 30 minutes avant de servir.

43. Mousse chocolat noir framboise

Donne : 6 portions

INGRÉDIENTS:
- 1½ tasse de framboises fraîches
- ¼ tasse) de sucre
- 2 cuillères à soupe de liqueur Framboise
- 10 onces de chocolat mi-amer,
- Hachées grossièrement
- 4 cuillères à soupe (1/2 bâton) de beurre non salé
- 1 tasse de crème épaisse - réfrigérée
- 3 œufs géants, séparés -- à température ambiante
- ¾ tasse de crème épaisse légèrement fouettée
- ½ pinte de framboises fraîches - pour la garniture

INSTRUCTIONS:
a) Dans un petit bol, écraser grossièrement les framboises à la fourchette. Incorporer le sucre et la Framboise. Laisser reposer le mélange à température ambiante pendant 30 minutes.
b) Au bain-marie modifié, faire fondre le chocolat et le beurre.
c) Pendant que le chocolat fond, fouetter la crème. Incorporer les jaunes d'œufs au mélange de framboises écrasées. Fouetter les blancs d'œufs.
d) Retirez le bol de chocolat fondu du bain-marie modifié et placez-le sur un plan de travail. Tout d'un coup, incorporer le mélange de framboises. Incorporer la crème fouettée. Incorporer les blancs d'œufs.
e) Transformez la mousse en bol de service ou en plats individuels. Réfrigérer jusqu'à consistance ferme, environ 2 heures pour des portions individuelles, cinq heures pour un grand bol de mousse.
f) Garnir chaque portion d'une cuillerée de crème légèrement fouettée et d'une ou deux framboises fraîches.

44. Mousse double pêche

Donne : 1 portions

INGRÉDIENTS:
- 1½ tasse de pêches séchées; (environ 8 onces)
- 1½ tasse d'eau
- ½ tasse de liqueur de pêche
- 1 cuillère à soupe de gélatine sans saveur
- 3 gros œufs ; séparé, température ambiante
- ½ tasse Plus 3 1/2 cuillères à soupe de sucre
- 2 tasses de crème fouettée froide
- 1 pincée de crème de tartre
- Brins de menthe fraîche

INSTRUCTIONS:
a) Mélanger les pêches séchées et l'eau dans une casserole moyenne épaisse. Laisser reposer 30 minutes. Faire bouillir. Réduire le feu et laisser mijoter doucement jusqu'à ce qu'il soit très tendre, environ 20 minutes.
b) Entre-temps, mettre ¼ tasse de liqueur de pêche dans un petit bol; saupoudrer de gélatine. Réserver pour ramollir. Battre 3 jaunes d'œufs, ½ tasse de sucre et ¼ tasse de liqueur de pêche restante dans le haut du bain-marie jusqu'à ce que la couleur soit claire. Placer sur de l'eau frémissante et remuer jusqu'à ce qu'il soit suffisamment épais pour recouvrir le dos de la cuillère lorsque le doigt est tiré dessus (ne pas faire bouillir), environ 2 minutes.
c) Transférer dans un petit bol.
d) Ajouter la gélatine au mélange chaud de pêches et remuer jusqu'à ce qu'elle soit dissoute. Transférer au processeur et réduire en purée jusqu'à consistance lisse. Verser dans un grand bol. Laisser refroidir à température ambiante, en remuant de temps en temps (ne pas laisser le mélange de pêches prendre.) Ajouter la crème anglaise au mélange de pêches et fouetter pour combiner. À l'aide d'un batteur électrique, battre la crème dans un bol moyen jusqu'à formation de pics mous. Mélanger ⅓

de la crème fouettée au mélange de pêches pour l'alléger. Incorporer délicatement le reste de la crème en 2 fois.

e) À l'aide de batteurs propres et secs, battre les blancs d'œufs et la crème de tartre dans un autre bol moyen jusqu'à consistance mousseuse. Ajouter graduellement les 3½ cuillères à soupe de sucre restantes et battre jusqu'à consistance lisse, brillante et presque ferme mais pas sèche. Plier ⅓ des blancs dans le mélange de pêches pour alléger. Incorporer délicatement les blancs restants en 2 fois. Couvrir le bol de plastique et réfrigérer la mousse 8 heures ou toute la nuit.

f) Verser la mousse dans une poche à douille munie d'une grosse douille étoilée. Pocher la mousse dans des gobelets ou des verres à vin. Garnir la mousse de brins de menthe fraîche et servir.

45. Mousse au lait de poule

Donne : 4 portions

INGRÉDIENTS:
- 3 jaunes d'œufs
- ½ tasse) de sucre
- 1 paquet de gélatine sans saveur
- 3 cuillères à soupe de rhum brun
- 2 cuillères à soupe de cognac
- 2 tasses de crème fouettée
- ½ tasse) de sucre
- 1½ cuillère à café de muscade fraîchement moulue
- 2 cuillères à café de vanille
- 3 blancs d'œufs

INSTRUCTIONS:

a) bonbons à la menthe broyés pour la garniture (ou de minuscules cannes de bonbon) Battre les jaunes d'œufs et ½ tasse de sucre dans un bol en acier inoxydable au-dessus de l'eau chaude ou de la moitié supérieure du bain-marie jusqu'à ce qu'ils s'éclaircissent (environ 2 minutes).

b) Ajouter la gélatine qui a été ramollie dans le rhum et le brandy au mélange d'œufs et continuer à battre pendant une autre minute. Retirer le mélange du feu et réfrigérer pendant 10 minutes. Pendant ce temps, fouetter la crème, ½ tasse de sucre, la muscade et la vanille ensemble. Battre les blancs d'œufs jusqu'à ce qu'ils forment des pics fermes. Incorporer la crème fouettée au mélange de gélatine réfrigérée en mélangeant soigneusement. Incorporer délicatement les blancs d'œufs. Réfrigérer pendant 4 à 6 heures.

c) Garnir de bonbons à la menthe écrasés ou de cannes de bonbon miniatures.

46. Tourte mousse élégante

Donne : 1 Portions

INGRÉDIENTS:
- ¾ tasse de farine tout usage Plus 2 T
- 3 cuillères à soupe de sucre
- 1 jaune d'oeuf
- ¼ tasse de beurre
- 6 jaunes d'œufs
- 3 cuillères à soupe de jus de citron
- ½ cuillère à café de zeste de citron
- 1 tasse de sucre glace tamisé (jusqu'à 3/4)
- 6 blancs d'œufs
- 1 tasse de farine à gâteau tamisée
- ¼ tasse de fécule de maïs tamisée
- ¾ cuillère à café de levure chimique
- ½ tasse de chocolat sucré râpé
- ½ tasse d'ananas écrasé
- ¼ tasse de beurre fondu
- 1 cuillère à soupe de gélatine sans saveur
- 3 cuillères à soupe d'eau froide
- 2 tasses de crème fouettée
- ¾ tasse de sucre à glacer
- ½ tasse d'ananas écrasé
- 1 tasse de chocolat sucré râpé
- ¼ tasse d'eau
- 2 cuillères à soupe de Kirsch ou de rhum
- 2 cuillères à soupe de sucre

INSTRUCTIONS:

a) Préchauffer le four à 350F. Tapisser et graisser le fond de trois moules ronds de 9 pouces. Mettre de côté.

Préparez la croûte :

b) Tamiser la farine et le sucre dans un bol; ajouter le jaune d'oeuf et le beurre et bien mélanger pour obtenir une pâte lisse. Rouler en cercle de 9 pouces de diamètre entre deux morceaux de papier ciré. Piquer partout et mettre au frais 30 minutes. Cuire au four sur une plaque à biscuits pendant 20 minutes ou jusqu'à ce qu'ils soient légèrement dorés.

Préparez le gâteau :

c) Mélanger les jaunes d'œufs, le jus de citron, le zeste de citron et le sucre; battre jusqu'à consistance légère et crémeuse. Dans un autre bol, battre les blancs d'œufs en neige ferme, puis les incorporer au mélange de jaunes d'œufs. Tamiser ensemble la farine, la fécule de maïs et la levure puis incorporer au mélange d'œufs. Enfin, incorporer l'ananas, le chocolat et le beurre. Verser le mélange dans les moules préparés et cuire au four de 12 à 15 minutes, ou jusqu'à ce qu'il soit cuit.

Préparez la garniture :

d) Ramollir la gélatine dans l'eau pendant quelques minutes et cuire à feu doux jusqu'à ce que la gélatine soit dissoute. Laisser refroidir. Fouetter la crème jusqu'à consistance ferme et incorporer la gélatine cuite et le sucre à glacer. Réserver ¾ tasse pour la tuyauterie. Ajouter l'ananas et le chocolat au reste de la crème fouettée; mettre de côté.

e) Mélanger les ingrédients du mélange de kirsch dans une tasse et arroser généreusement le dessus du gâteau.

Pour assembler Torte :

f) Déposer une croûte dans un plat. Étaler une fine couche de mousse, puis recouvrir d'une couche de gâteau. Répétez la procédure jusqu'à ce que le gâteau soit assemblé. Glacer les côtés et recouvrir du reste de glaçage à la mousse. Utilisez les ¾ de tasse de crème fouettée restants pour les bordures de passepoil et décorez avec du chocolat râpé.

47. Mousse de figues fraîches

Donne : 1 mousse

INGRÉDIENTS:
- 1½ tasse de sucre
- 1 tasse; Eau
- 1 cuillère à soupe d'extrait de vanille fort
- 1 longue boucle de zeste d'orange
- 1 gousse de vanille d'un pouce
- 6 figues mûres ou
- 2 4 onces. bocaux de figues confites* ou-
- Paquet de 8 onces de figues**
- 1 cuillère à soupe de gélatine
- ¼ tasse de jus d'orange
- 1½ tasse de crème pâtissière
- 1 tasse de crème épaisse
- 1 cuillère à café d'extrait de vanille fort
- 3 blancs d'œufs
- 1 pincée de sel
- 1 cuillère à soupe de sucre granulé
- Orange à peau brillante pour râper

INSTRUCTIONS:
a) Mettre le sucre et l'eau dans une casserole; porter à ébullition. Lorsque le mélange bout, réduire le feu et ajouter 1 cuillère à soupe. vanille, zeste d'orange et gousse de vanille. Cuire environ 10 minutes jusqu'à ce que le mélange devienne sirupeux et épais. Ajouter les figues entières et les pocher environ 25 minutes ou jusqu'à ce qu'elles soient tendres. Cool.

b) *(Si vous utilisez des figues confites, retirez les figues et mettez le sirop, le zeste d'orange, la gousse de vanille et la vanille dans une casserole avec 3 à 4 cuillères à soupe d'eau. Portez à ébullition pendant 1 à 2 minutes. Remettez les figues dans le feu chaud Si vous utilisez des figues séchées emballées, réduisez le sucre à 1 tasse et l'eau à ¾ tasse. Lorsque le mélange sucre-eau décrit au paragraphe 1 devient sirupeux, ajoutez les figues et retirer du feu.

c) Toutes les autres instructions sont les mêmes.) Dans un petit bol, mélanger la gélatine avec le jus d'orange et le placer sur une casserole d'eau pas tout à fait frémissante. Remuez bien le mélange jusqu'à ce que la gélatine se dissolve complètement. Lorsque le liquide est bien sirupeux et n'est plus granuleux, l'ajouter au mélange de figues refroidi.

d) Retirez une figue pour une garniture finale plus tard, puis placez l'autre fruit, le zeste d'orange et le sirop dans le bocal d'un mélangeur. Fendre la gousse de vanille au centre avec un couteau pointu et gratter les graines, au hasard, dans le mélange. Mélanger à haute vitesse pendant environ une minute ou jusqu'à ce que le mélange devienne une purée épaisse de couleur miel.

e) Dans un grand saladier, mélanger la purée de figues refroidie avec la crème pâtissière.

f) Dans un bol refroidi, battre la crème épaisse avec 1 c. extrait de vanille. Fouetter la crème jusqu'à ce qu'elle garde bien sa forme, mais ne pas trop battre.

g) Saupoudrez les blancs d'œufs d'une pincée de sel et fouettez-les en une fine mousse. Lorsque des pics mous se forment, saupoudrez une cuillère à soupe de sucre cristallisé, puis battez-les fort jusqu'à ce qu'ils conservent leur forme.

h) Mélanger le mélange de figues avec la crème fouettée, en travaillant doucement la crème dans la crème anglaise avec un grand grattoir en caoutchouc. Incorporer immédiatement les dérives de blancs d'œufs.

i) Placer dans un bol et réfrigérer environ 4 à 5 heures. Juste avant de servir, râpez le zeste de l'orange à peau claire sur toute la surface. Coupez la figue réservée en fines lanières et encerclez les côtés de la mousse avec.

48. Mousse de potiron glacée

Donne : 6 portions

INGRÉDIENTS:
- ¾ tasse d'eau
- ¾ tasse de sucre
- 3 blancs d'œufs
- 1 pincée de crème de tartre
- 1½ tasse de citrouille, réduite en purée et bien égouttée
- 1 cuillère à café d'épices pour tarte à la citrouille
- 2 cuillères à soupe de rhum
- 1 tasse de crème à fouetter, battue jusqu'à formation de pics fermes

INSTRUCTIONS:
a) Dans une casserole à fond épais, faire bouillir l'eau et le sucre jusqu'au stade de boule molle du sirop (238 degrés F sur un thermomètre à bonbons).
b) Pendant que le sirop bout, à l'aide d'un batteur électrique, battre les blancs d'œufs avec une pincée de crème de tartre jusqu'à formation de pics fermes. Avec le mélangeur en marche, verser le sirop de sucre chaud dans les blancs d'œufs en un mince filet régulier. Continuez à battre jusqu'à ce que le mélange soit complètement refroidi (cela peut prendre plus de 10 minutes). Incorporer la citrouille et les épices à tarte.
c) Battre le rhum dans la crème fouettée et incorporer au mélange de citrouille. Mettre la mousse dans un moule à soufflé muni d'une collerette en papier ; congeler au moins 4 heures.
d) Sortir la mousse du congélateur et la placer au réfrigérateur environ 30 minutes avant de servir. Répartir dans des coupes à dessert et servir avec des biscuits au gingembre.

49. Mousse de jambon

Donne : 6 portions

INGRÉDIENTS:
- 2 cuillères à soupe de gélatine sans saveur
- 1 tasse de bouillon de légumes ou de poulet
- 1 tasse de crème fouettée; fouetté
- 1¼ tasse de jambon ; en dés
- 1 cuillère à café de raifort préparé
- 1 cuillère à café de moutarde de Dijon
- ½ cuillère à café de poivre blanc
- ¼ tasse Madère
- Oeufs durs pour la garniture

INSTRUCTIONS:

a) Faire ramollir la gélatine dans le bouillon dans une casserole. Placer sur feu moyen et porter à ébullition en remuant de temps en temps. Retirer du feu et laisser refroidir à température ambiante.

b) Placer la chantilly au réfrigérateur. Versez ¼ de tasse du mélange de gélatine dans un moule réfrigéré de 4 tasses et placez-le au congélateur jusqu'à ce qu'il soit pris, environ 5 minutes.

c) Pendant ce temps, placez le jambon, le raifort, la moutarde, le poivre, le madère et ¾ de tasse de bouillon de gélatine dans un robot culinaire et mixez jusqu'à ce qu'ils soient fins.

d) Grattez dans un bol de travail. Incorporer la crème fouettée.

e) Verser le mélange dans le moule préparé. Mettre au frais au moins 4 heures avant de démouler. Garnir de quartiers d'œufs durs avant de servir.

50. Mousse de goyave

Donne : 6 portions

INGRÉDIENTS:
- 1 tasse de purée de goyave fraîche
- 1 tasse de lait évaporé
- ¾ tasse de sucre ou de miel
- 1 cuillère à soupe de jus de citron

INSTRUCTIONS:
a) Pour faire la purée, coupez les goyaves en deux, prélevez la pulpe et passez-la dans une passoire.
b) Réfrigérer le lait évaporé en le plaçant dans la section congélateur pendant une courte période.
c) Verser dans un bol refroidi et fouetter jusqu'à épaississement. Ajouter le sucre ou le miel et le jus de citron à la purée et mélanger jusqu'à ce que le sucre se dissolve.
d) Incorporer le lait fouetté au mélange de goyave et verser dans des plateaux de congélation. Congeler 4-6 heures.

51. Gâteau de mousse à la nectarine

Donne : 1 portions

INGRÉDIENTS:
MOUSSE NECTARINE :
- 1½ livre de nectarines
- ½ tasse) de sucre
- 5 cuillères à café de gélatine sans saveur
- ¼ tasse de jus de citron
- ¼ tasse de schnaps aux pêches
- 1½ tasse de crème épaisse, bien froide
- Gâteau génoise

SIROP DE PÊCHE :
- ¼ tasse) de sucre
- ⅓ tasse de schnaps aux pêches
- Glaçage pêche :
- 1¼ cuillère à café de gélatine sans saveur
- ¾ tasse de conserves de pêches ou de confiture
- 3 cuillères à soupe de schnaps à la pêche

INSTRUCTIONS:

a) Coupez en deux, dénoyautez et hachez les nectarines et, dans une casserole à fond épais, mélangez-les avec le sucre et ½ tasse d'eau. Porter à ébullition en remuant et cuire à feu doux en remuant de temps en temps pendant 15 minutes. Dans un robot culinaire, réduire le mélange en purée et le forcer à travers un tamis fin dans un grand bol, en appuyant fortement sur les solides.

b) Dans une petite casserole, saupoudrer la gélatine sur le jus de citron et le schnaps, laisser ramollir pendant 5 minutes, puis chauffer le mélange à feu doux, en remuant, jusqu'à ce que la gélatine soit dissoute. Incorporer la gélatine à la purée de nectarine en mélangeant bien le mélange. Laisser refroidir à température ambiante.

c) Dans un bol refroidi, battre la crème jusqu'à ce qu'elle tienne des formes douces (pas aussi raides que des pics mous) et l'incorporer au mélange de nectarines.
d) Parez la génoise et coupez-la en trois couches, horizontalement.
e) Sirop de pêche : Dans une petite casserole, mélanger le sucre et ¼ de tasse d'eau. Porter à ébullition en remuant jusqu'à ce que le sucre soit dissous et incorporer le schnaps. Laisser refroidir le sirop à température ambiante. Assemblage : centrer une couche au fond d'un moule à charnière de 9 ½ pouces et badigeonner de la moitié du sirop de pêche. Verser la moitié de la mousse sur le gâteau et recouvrir d'une autre couche de génoise. Badigeonner avec le reste de sirop de pêche et verser le reste de mousse sur le gâteau, en tapant sur le côté du moule pour chasser les bulles d'air et lisser la surface. Réfrigérer pendant 2 heures ou jusqu'à ce qu'il soit pris.
f) Glaçage à la pêche : Dans un petit bol, saupoudrer la gélatine sur 3 cuillères à soupe d'eau froide et laisser ramollir pendant 5 minutes. Dans une petite casserole, mélanger les conserves et le schnaps, porter le mélange à ébullition en remuant et laisser mijoter pendant 1 minute. Retirer la casserole du feu, ajouter le mélange de gélatine, remuer jusqu'à ce que la gélatine soit dissoute, et filtrer le mélange à travers un tamis fin dans un bol, en appuyant fortement sur les solides.
g) Assemblage : Versez tout sauf environ 2 cuillères à soupe de glaçage à la pêche sur le dessus du gâteau mousse, en le recouvrant complètement, et réfrigérez le gâteau pendant 2 heures, ou jusqu'à ce que le glaçage soit pris.
h) Pendant que le gâteau refroidit, dans un robot culinaire, broyer la couche de génoise restante en fines miettes. Faire griller les miettes dans un moule à gâteau roulé dans un four préchauffé à 350 ° F pendant 5 à 8 minutes ou jusqu'à ce qu'elles soient dorées.
i) Réserve.
j) Coupez la moitié de la nectarine en fines tranches et disposez-les de manière décorative sur le dessus du gâteau en forme de

moulinet. Badigeonner le glaçage restant sur les tranches de nectarine et réfrigérer le gâteau, couvert, pendant 1 heure ou jusqu'à ce que le glaçage nouvellement appliqué soit pris.

k) Passez un couteau fin autour du bord du moule et retirez le côté du moule. Travaillant sur une feuille de papier ciré, enduire les côtés du gâteau avec les miettes de gâteau.

l) Laisser reposer le gâteau à température ambiante pendant 20 minutes avant de servir.

52. Mousse de pamplemousse

Donne : 6 portions

INGRÉDIENTS:
- 2 jaunes d'œufs
- ⅓ tasse de sucre
- 1 paquet de gélatine sans saveur
- 3 cuillères à soupe de gin
- 8 onces de jus de pamplemousse
- 1 cuillère à café de zeste de pamplemousse râpé
- 1 tasse de crème sure
- 2 tasses de crème fouettée
- 3 cuillères à soupe de sucre
- 2 blancs d'œufs
- 2 tasses de fraises fraîches tranchées
- Fraises entières pour la décoration

INSTRUCTIONS:
a) Battre les jaunes d'œufs et ⅓ tasse de sucre dans un bol en acier inoxydable au-dessus d'un bain-marie ou de la moitié supérieure d'un bain-marie jusqu'à ce qu'ils pâlissent et deviennent mousseux (environ 2 minutes). Ajouter la gélatine qui a été ramollie dans le gin au mélange d'œufs et continuer à battre pendant encore 2 minutes. Retirer du feu et ajouter le jus de pamplemousse, le zeste et la crème sure. Bien mélanger. Réfrigérer pendant 10 minutes. Pendant ce temps, fouettez la crème avec 3 cuillères à soupe de sucre. Battre les blancs d'œufs jusqu'à ce qu'ils forment des pics fermes.
b) Plier la moitié de la crème fouettée (en réservant la moitié pour la garniture) dans le mélange de gélatine refroidi. Mix volonté. Incorporer les blancs d'œufs. Réfrigérer pendant 4 à 6 heures. Servir dans des verres à parfait en alternant la mousse avec des couches de fraises tranchées.
c) Garnir du reste de crème fouettée et de fraises entières.

53. Mousse aux noisettes grillées

Donne : 2 portions

INGRÉDIENTS:
- 2 jaunes d'œufs
- 50 grammes de sucre
- 25 grammes Beurre non salé; fondu
- 2 cuillères à soupe de café noir fort
- 100 grammes de noisettes grillées et moulues
- 100 grammes de crème fraîche

INSTRUCTIONS:

a) Battre les jaunes d'œufs jusqu'à ce qu'ils blanchissent, ajouter le sucre et battre jusqu'à ce que le mélange soit épais.

b) Incorporer le beurre fondu et incorporer le café et les noisettes moulues.

c) Fouetter la crème fraîche et l'incorporer doucement mais complètement au mélange de noix. Froideur

54. Mousse au miel et lavande

Donne : 1 portions

INGRÉDIENTS:
- 3 jaunes d'œufs
- 4 oeufs entiers
- 2 cuillères à soupe de miel coulant
- 3 cuillères à soupe de sucre de lavande ; (voir méthode)
- 5 onces d'eau
- ½ pinte de crème double
- ½ once de gélatine végétarienne
- 1 citron ; jus de
- 5 oz de crème double pour la décoration

INSTRUCTIONS:
a) Pour faire du sucre de lavande, prenez 3 têtes de fleurs de lavande fraîches et 1 oz de sucre en poudre. Mettez-les dans un robot culinaire et fouettez. Laisser dans un récipient hermétique pendant une semaine, puis tamiser les fleurs et utiliser. Vous pouvez laisser les fleurs si vous le souhaitez.

b) Mélanger les jaunes d'œufs et les œufs entiers dans un grand bol. Faites chauffer l'eau dans une casserole et versez-y le miel et l'eau afin qu'ils se dissolvent pour faire un sirop.

c) Ajoutez-le aux œufs et placez le bol au-dessus d'une casserole d'eau frémissante. Fouetter avec un batteur électrique jusqu'à consistance épaisse et mousseuse (cela peut prendre environ 10 minutes). Maintenant, retirez du feu et continuez à fouetter jusqu'à ce que le bol soit froid.

d) Dissoudre la gélatine dans le jus de citron et ajouter à la mousse. Fouetter légèrement la crème et l'ajouter à la mousse. La crème doit avoir la même consistance.

e) Pliez le tout délicatement. Ensuite, placez le bol sur de la glace en remuant tout le temps.

f) Une fois au point de prise, laisser au réfrigérateur.

g) Une fois prise, montez l'autre crème et dressez des rosaces sur la mousse.

h) Décorez de petits boutons de rose et de lavande.

55. Gâteau mousse jamaïcain

Donne : 6 portions

INGRÉDIENTS :
- 6 onces de chocolat noir
- 3 cuillères à soupe de rhum brun
- 1¼ tasse de crème épaisse
- 2 cuillères à café de cassonade
- 1 cuillère à soupe de café ; noir chaud et fort
- 2 grosses bananes ; pelé et écrasé jusqu'à consistance lisse
- 3 oeufs; séparé
- Copeaux de chocolat, pour la garniture

INSTRUCTIONS :
a) Mettre le chocolat dans un bol et le faire fondre dans une casserole d'eau chaude. Incorporer le rhum et la moitié de la crème au chocolat et bien battre jusqu'à consistance lisse.
b) Dissoudre le sucre dans le café. Mettre la purée de bananes dans un bol et incorporer le mélange de café et de sucre. Ajouter les jaunes d'œufs au mélange de bananes et bien battre. Continuez à battre et ajoutez tout le mélange de chocolat.
c) Fouetter les blancs d'œufs jusqu'à ce qu'ils forment des pics fermes. Rapidement, mais avec précaution, incorporez les blancs d'œufs battus dans le mélange de chocolat et de bananes. Verser le mélange dans un moule à charnière légèrement graissé, tapissé de papier cuisson. Réfrigérer pendant au moins 2 heures, ou jusqu'à ce qu'ils soient complètement pris et fermes.
d) Décoller délicatement les côtés du gâteau mousse à l'aide d'une spatule métallique chauffée et démouler les côtés du moule. Faites délicatement glisser la mousse du fond du moule sur une assiette de service. Fouettez le reste de la crème jusqu'à ce qu'elle soit épaisse et dressez une bordure décorative sur le gâteau mousse. Saupoudrer de copeaux de chocolat et bien refroidir avant de servir.

56. Mousse Kahlua

Donne : 4 portions

INGRÉDIENTS :
- 2 jaunes d'oeufs
- 2 cuillères à soupe de liqueur Kahlua
- 3 onces de chocolat mi-sucré
- ¼ tasse de beurre
- 2 cuillères à soupe de liqueur Kahlua
- 2 blancs d'œufs
- 1½ cuillère à café de sucre
- 1 tasse de crème fouettée
- Garniture - Feuilles de menthe et - Bâtonnets de chocolat à la menthe

INSTRUCTIONS :
a) Battez les jaunes d'œufs et 2 cuillères à soupe de Kahlua dans le haut d'un bain-marie. Incorporer ¼ tasse de sucre et battre jusqu'à ce que le mélange épaississe légèrement et que la couleur s'éclaircisse.
b) Placer la casserole sur l'eau bouillante. Cuire et remuer jusqu'à épaississement, environ 10 minutes.
c) Placer le dessus du bain-marie dans un bol d'eau froide. Battre jusqu'à ce que le mélange soit épais, 3 à 4 minutes.
d) Faire fondre le chocolat et le beurre ensemble. Incorporer les 2 cuillères à soupe restantes de Kahlua. Ajouter le mélange d'oeufs.
e) Battre les blancs d'œufs jusqu'à ce qu'ils forment des pics mous. Ajouter le sucre restant. Battre jusqu'à formation de pics fermes. Ajouter au mélange de chocolat.
f) Battre la crème à fouetter jusqu'à ce qu'elle soit ferme. Incorporer au mélange de chocolat.
g) Verser la mousse dans des verres à parfait ou des coupes à dessert. Réfrigérer 3 heures avant de servir.

57. Mousse de poireaux

Donne : 4 portions

INGRÉDIENTS:

- 500 grammes de poireaux ; couper en tranches de 2,5 cm (1 pouce) (1 lb)
- 25 grammes de margarine polyinsaturée ; (1 once)
- 25 grammes Farine ordinaire; (1 once)
- 4 œufs; séparé
- Poivre noir fraîchement moulu

INSTRUCTIONS:

a) Préchauffer le four à 400°F.
b) Graisser un plat profond allant au four de 1¼ litre (2 ¼ pintes) ou quatre ramequins.
c) Mettez les poireaux dans un cuiseur à vapeur, une passoire en métal ou un tamis au-dessus d'une casserole d'eau bouillante, couvrez et faites cuire à la vapeur pendant 10 minutes ou jusqu'à ce qu'ils soient tendres. Laisser refroidir environ 10 minutes.
d) Faire fondre la margarine dans une casserole et ajouter la farine. Poivrer abondamment et cuire 2 minutes. Transférer dans un grand bol et laisser refroidir légèrement. Ajouter les poireaux et les jaunes d'œufs et bien mélanger.
e) Fouetter les blancs d'œufs en neige ferme mais pas secs, puis les incorporer au mélange de poireaux. Versez délicatement le mélange dans le plat préparé ou les ramequins et faites cuire au four pendant 20 à 25 minutes, ou jusqu'à ce qu'il soit levé et pris (15 à 20 minutes pour les ramequins).
f) Servir avec une salade, des pommes de terre au four et du pain français croustillant.

58. Mousse au citron vert

Donne : 6 portions

INGRÉDIENTS:
- 2 Enveloppes de gélatine sans saveur
- ¼ tasse d'eau froide
- 1 tasse d'eau bouillante
- 1 tasse de jus de citron vert frais
- 1 cuillère à soupe de zeste de citron vert râpé
- ½ tasse) de sucre
- 3 tasses de fromage au yogourt sans gras*

INSTRUCTIONS:

a) Dissoudre la gélatine dans de l'eau froide. Ajouter de l'eau bouillante et remuer jusqu'à dissolution. Ajouter le jus de lime, le zeste et le sucre.

b) Bien mélanger. Incorporer le fromage au yogourt jusqu'à consistance lisse (le robot culinaire fonctionne bien). Verser dans un moule à tarte profond de 9 pouces ou verser dans de petits contenants de taille individuelle. Refroidir jusqu'à consistance ferme.

59. Mousse citron cerise noix

Donne : 8 portions

INGRÉDIENTS:
- ½ tasse d'amandes entières naturelles
- 1 Enveloppe de gélatine sans saveur
- 3 cuillères à soupe de jus de citron
- 1 tasse de sucre granulé; divisé
- 1 boîte (12 oz) de lait évaporé
- 1 boîte (21 oz) de garniture et de garniture pour tarte aux cerises
- 2 cuillères à café de zeste de citron râpé
- ¼ cuillère à café d'extrait d'amande
- 4 blancs d'œufs

INSTRUCTIONS:

a) Étendre les amandes en une seule couche sur une plaque à pâtisserie. Cuire au four chauffé à 350 degrés pendant 12 à 15 minutes, en remuant de temps en temps, jusqu'à ce qu'ils soient légèrement grillés. Refroidir et hacher finement.

b) Saupoudrer la gélatine sur 3 cuillères à soupe d'eau dans une petite casserole à fond épais. Laisser reposer 2 minutes jusqu'à ce que la gélatine ait absorbé l'eau. Incorporer le jus de citron et ½ tasse de sucre; remuer le mélange à feu doux jusqu'à ce que la gélatine et le sucre soient complètement dissous et que le liquide soit clair.

c) Verser le lait évaporé dans un grand bol à mélanger; incorporer la garniture pour tarte aux cerises, le zeste de citron et l'extrait d'amande. Incorporer le mélange de gélatine dissoute en mélangeant soigneusement.

d) Réfrigérer jusqu'à ce que le mélange soit épais et de consistance semblable à celle d'un pouding.

e) Battre les blancs d'œufs jusqu'à ce qu'ils soient légers et mousseux. Ajouter progressivement le sucre restant.

f) Continuer à battre jusqu'à l'obtention d'une meringue ferme. Incorporer la meringue au mélange de cerises. Incorporer délicatement les amandes hachées.

g) Verser la mousse dans 8 bols de service. Couvrir et réfrigérer au moins 2 heures ou toute la nuit avant de servir.

60. Mousse au beurre citronné

Donne : 12 portions

INGRÉDIENTS:
- ⅓ tasse Jus de citron frais; PLUS:
- 3 cuillères à soupe de jus de citron frais
- 1 cuillère à café de zeste de citron finement râpé
- ¼ once de gélatine sans saveur
- 1 tasse de crème épaisse
- 6 œufs ; séparé, temp.
- ¼ cuillère à café de sel
- 3 tasses de sucre à glacer tamisé
- ¼ livres de beurre non salé; température ambiante.

INSTRUCTIONS:

a) Dans un petit bol résistant à la chaleur, mélanger la première quantité de jus de citron et le zeste de citron. Saupoudrer de gélatine et laisser ramollir pendant 10 minutes. Placer le bol dans une casserole d'eau chaude à feu doux et remuer pour dissoudre la gélatine. Retirer du feu et laisser refroidir à température ambiante.

b) Dans un grand bol, fouetter la crème jusqu'à ce qu'elle soit juste ferme. Couvrir et réfrigérer jusqu'à ce que vous en ayez besoin.

c) Dans un bol profond, mélanger les blancs d'œufs avec le sel. Battez jusqu'à ce que se forment des pointes molles. Ajouter graduellement 1 tasse de sucre à glacer et battre jusqu'à ce que des pics fermes se forment.

d) Dans un autre bol, battre le beurre jusqu'à ce qu'il soit mou et mousseux. Ajouter 1 tasse de sucre à glacer et battre jusqu'à consistance lisse. Un à la fois, ajouter les jaunes d'œufs, en alternant avec la gélatine dissoute et le reste de sucre à glacer. Continuer à battre jusqu'à consistance lisse.

e) Incorporer un tiers des blancs d'œufs. Incorporer rapidement mais délicatement les blancs d'œufs restants.

f) Battre le jus de citron restant dans la crème fouettée et incorporer à la mousse. Transformer dans un plat de service ou des verres à vin à pied, couvrir et réfrigérer jusqu'à ce qu'il soit refroidi et pris, environ 3 heures.

61. Mousse au citron

Donne : 2 portions

INGRÉDIENTS:
- ½ tasse de crème épaisse
- ½ tasse de crème au citron, préparée
- Bleuets frais, rincés et séchés
- Brins de menthe fraîche, pour la décoration

INSTRUCTIONS:

a) Avec des batteurs refroidis, fouetter la crème épaisse jusqu'à ce qu'elle soit épaisse. Incorporer la crème fouettée au lemon curd. Soit mixer la mousse au citron dans les myrtilles.

b) Ou couchez la mousse, les myrtilles fraîches et la mousse dans un verre à vin ; garnir de menthe fraîche.

62. Tarte à la mousse au citron

Donne : 10 portions

INGRÉDIENTS:
- 1 croûte à tarte (9 pouces); cuit et refroidi
- 1 Enveloppe de gélatine sans saveur
- ½ tasse de jus de citron
- ¼ tasse d'eau
- 1 cuillère à café de zeste de citron ; râpé
- 8 gouttes de colorant alimentaire jaune
- 8 onces de fromage à la crème
- 1 tasse de sucre en poudre
- 2 tasses de crème fouettée; fouetté
- REMPLISSAGE

INSTRUCTIONS:

a) Mélanger la gélatine, le jus de citron et l'eau, remuer à feu moyen jusqu'à dissolution. Incorporer le zeste et le colorant alimentaire. Mettre de côté. Mélanger le fromage à la crème et le sucre jusqu'à consistance lisse, ajouter au mélange de gélatine. Réfrigérer 15 minutes jusqu'à épaississement. Incorporer la crème fouettée, verser dans la croûte à tarte. Réfrigérer 1 heure ou jusqu'à consistance ferme.

63. Gâteau mousse citron fraise

Donne : 1 portions

INGRÉDIENTS:
- 1 tasse Farine tout usage 250 mL
- ⅓ tasse de noisettes grillées ou de pistaches; haché finement
- 2 cuillères à soupe Sucre granulé 25 mL
- ½ tasse de beurre non salé; couper en petits morceaux
- 1 Jaune d'oeuf 1
- 1 cuillère à soupe Jus de citron 15 mL
- 2 onces Génoise maison ou commerciale 60 g
- 4 tasses Fraises fraîches 1 L
- 1 Enveloppe gélatine non aromatisée 1
- ¼ tasse Eau froide 50 mL
- 4 Jaunes d'œufs 4
- ¾ tasse de sucre cristallisé ; divisé 175 ml
- ¾ tasse Jus de citron 175 mL
- 1 cuillère à soupe de zeste de citron finement râpé 15 mL
- 4 onces de fromage à la crème 125 g
- 1¾ tasse Crème à fouetter 425 mL
- Pistaches grillées hachées
- Sucre glace tamisé

INSTRUCTIONS:
a) Préchauffer le four à 375F/190C.
b) Pour faire la pâte, dans un grand bol, mélanger la farine avec les noix et le sucre granulé. Couper le beurre jusqu'à ce qu'il soit en petits morceaux.
c) Mélanger le jaune d'oeuf avec le jus de citron. Saupoudrer le mélange de farine et rassembler la pâte en boule. Rouler ou presser pour s'adapter au fond d'un moule à charnière de 9 ou 10 pouces/23 ou 25 cm.
d) Cuire au four de 20 à 25 minutes, ou jusqu'à ce qu'ils soient légèrement dorés. Casser la génoise en petits morceaux et saupoudrer sur le dessus de la pâte.

e) Réservez huit des meilleures fraises pour le dessus. Equeutez les baies restantes.
f) Coupez environ douze baies de taille égale en deux et disposez-les autour du bord du moule avec le côté coupé des baies pressées contre le bord. Disposez les baies restantes pour qu'elles tiennent dans le moule avec les pointes vers le haut.
g) Pour faire la garniture, saupoudrer de gélatine sur de l'eau froide dans une petite casserole.
h) Laisser ramollir 5 minutes. Chauffer doucement jusqu'à dissolution.
i) Dans une casserole moyenne, battre 4 jaunes d'œufs avec ½ tasse/125 ml de sucre granulé jusqu'à consistance légère. Incorporer le jus de citron et le zeste. Cuire, en remuant constamment, jusqu'à ce que le mélange épaississe et arrive juste à ébullition. Incorporer la gélatine dissoute.
j) Cool.
k) Dans un grand bol, battre le fromage à la crème avec le ¼ tasse/50 mL de sucre granulé restant. Incorporer la crème fraîche au citron.
l) Dans un autre bol, battre la crème à fouetter jusqu'à ce qu'elle soit légère. Incorporer la crème au citron.
m) Verser sur les baies. Secouez doucement la casserole pour que le mélange de citron tombe entre les baies et que le dessus soit uniforme. Réfrigérer pendant 3 à 4 heures ou jusqu'à ce que le tout soit pris. Passez un couteau autour du bord du moule et retirez les côtés. Placer le gâteau sur le plat de service. (Retirez le fond du moule à charnière seulement s'il se détache facilement.) Disposez des bandes de papier ciré de 1 pouce/2½ cm sur le dessus du gâteau, en laissant des espaces entre les deux. Saupoudrer les espaces de pistaches. Retirez le papier avec précaution. Laisser les coques sur les baies réservées et les couper en deux. Disposez les baies en rangées le long des bandes vides. Saupoudrer de sucre glace. Réfrigérer jusqu'au moment de servir.

64. Mousse au yaourt au citron

Donne : 6 portions

INGRÉDIENTS:
- 1 tasse de yogourt nature faible en gras
- 1½ cuillère à café de gélatine sans saveur
- 3 cuillères à soupe d'eau froide
- ¼ tasse) de sucre
- ½ tasse de jus de citron frais
- Zeste de 1/2 citron
- 1 œuf large
- 1 gros jaune d'oeuf
- 2 cuillères à café de liqueur d'orange
- 4 gros blancs d'œufs
- 4 cuillères à café d'eau
- ¼ cuillère à café de crème de tartre

INSTRUCTIONS:

a) Mettre le yaourt dans une passoire garnie d'un filtre à café. Placer sur un bol, couvrir et réfrigérer pendant 12 à 24 heures. Jetez le liquide qui s'écoule du yogourt; il devrait vous rester environ ½ tasse de yogourt égoutté.

b) Saupoudrer la gélatine sur l'eau froide et laisser reposer au moins 5 minutes.

c) Émincer le zeste de citron avec ¼ de tasse de sucre jusqu'à ce que le zeste soit aussi fin que le sucre. Transférer dans une petite casserole et ajouter le jus de citron, l'œuf et le jaune d'œuf. Fouetter jusqu'à consistance lisse. Cuire à feu moyen, en remuant constamment, jusqu'à ce que le mélange épaississe suffisamment pour napper le dos d'une cuillère en bois. Filtrer dans un bol et incorporer le mélange de gélatine et la liqueur d'orange. Réfrigérer jusqu'à ce que le mélange commence à épaissir et à prendre, mais qu'il ne soit pas complètement gélifié.

d) Pour faire une meringue sécuritaire, mélanger les blancs d'œufs, l'eau, la crème de tartre et ¼ de tasse de sucre dans le haut d'un bain-marie. Cuire à l'eau frémissante, en fouettant constamment, jusqu'à ce que le mélange r160j. Verser aussitôt dans le bol d'un batteur électrique. Battre à haute vitesse, en ajoutant graduellement le reste du sucre, jusqu'à ce que les blancs soient cuits, épais et brillants, environ 5 minutes.

e) Fouetter le yogourt dans le mélange de citron et de jaune d'œuf, en mélangeant jusqu'à consistance lisse. Incorporer délicatement ce mélange aux blancs. Transférer dans 6 gobelets individuels et réfrigérer au moins 2 heures avant de servir. Laisser reposer à température ambiante pendant 5 à 10 minutes avant de servir pour faire ressortir toute la saveur.

65. Tarte mousse au citron vert

Donne : 1 Portions

INGRÉDIENTS:
7 feuilles de gélatine sans saveur
½ tasse d'eau
6 Oeufs
5½ tasse de crème fouettée fraîche
1 gâteau des anges ;
1½ tasse de sucre
2 cuillères à soupe de rhum ou de liqueur d'orange
¾ tasse de jus de citron vert

INSTRUCTIONS:
a) Tapisser un moule à charnière de papier sulfurisé.
b) Placez une très fine couche de gâteau des anges ou de tout autre reste de gâteau blanc dans le moule.
c) Arrosez de rhum ou de liqueur. Froideur.
d) Dissoudre la gélatine dans l'eau.
e) Fouetter les jaunes d'œufs avec la moitié du sucre jusqu'à ce qu'ils soient couleur citron. Incorporer la gélatine et le jus de lime en fouettant. Réfrigérer pendant que vous préparez la crème.
f) Fouetter la crème puis ajouter la moitié du sucre pour faire de la chantilly. Incorporer au mélange de gélatine au citron vert. Réfrigérer 1 heure.
g) Fouetter les blancs d'œufs jusqu'à ce qu'ils forment des pics mous. Incorporez-les lentement au mélange de citron vert.
h) Verser le mélange dans le moule préparé. Gel.
i) Sortir la tarte du congélateur au réfrigérateur 6 heures avant de servir ou laisser reposer à température ambiante 1 heure avant de servir.

66. Tarte mousse macadamia rhum

Donne : 4 portions

INGRÉDIENTS:
CROÛTE ET GARNITURE DE CRUMB MACADAMIA
- 1 tasse de morceaux de macadamia finement hachés
- 1¼ tasse de farine tout usage non blanchie
- ⅛ cuillère à café de sel
- ½ tasse) de sucre
- ½ cuillère à café de cannelle
- 1 Bâton de beurre non salé, Fondu et refroidi

GARNITURE AU RHUM MACADAMIA :
- 1½ tasse de crème épaisse
- ⅓ tasse d'eau
- 1½ enveloppes de gélatine non aromatisée
- 4 jaunes d'œufs
- ⅓ tasse de rhum brun
- ½ tasse de cassonade légère
- ½ tasse de noix de macadamia hachées et grillées
- 1 tasse de crème épaisse, pour la finition,

INSTRUCTIONS:
a) Préchauffer le four à 400 degrés.
b) Pour la croûte de chapelure : combiner les noix, la farine, le sel, le sucre et la cannelle dans un bol à mélanger et remuer pour bien mélanger. Incorporer le beurre fondu et continuer à remuer jusqu'à ce que le mélange ait absorbé le beurre. Cassez le mélange en miettes égales de ½ à ¼ de pouce, en frottant du bout des doigts. Placer la moitié du mélange de chapelure dans un moule à tarte Pyrex de 9 pouces et presser du bout des doigts pour tapisser le moule uniformément. Placer le reste du mélange de chapelure, en une couche uniforme de ½ pouce sur une plaque à biscuits. Cuire la croûte et la chapelure sur la grille du milieu du four environ 20 minutes, jusqu'à ce qu'elles soient croustillantes et légèrement dorées. Refroidir la croûte et la chapelure sur des grilles.

c) Pour la garniture à la mousse : Fouettez la crème jusqu'à ce qu'elle forme des pics mous et mettez-la de côté au réfrigérateur. Saupoudrer la gélatine sur l'eau dans un petit bol résistant à la chaleur. Laisser tremper 5 minutes, puis placer au-dessus d'une petite casserole d'eau frémissante pour faire fondre le temps de préparer la garniture.

d) Lorsque la gélatine est fondue, retirer de la poêle et laisser refroidir.

e) Dans le bol d'un batteur électrique, ou un autre bol résistant à la chaleur, fouetter les jaunes d'œufs. Fouetter le rhum, puis le sucre. Placer sur une casserole d'eau frémissante et fouetter constamment jusqu'à épaississement, environ 3 minutes. Si le mélange de jaunes devient trop chaud, il peut se brouiller.

f) Retirer le bol de l'eau et battre à la machine, à vitesse moyenne, jusqu'à refroidissement à température ambiante. Fouetter la gélatine dissoute, puis incorporer la crème fouettée et les noix hachées.

g) Verser la garniture dans la coque refroidie et lisser le dessus. Couvrir lâchement d'une pellicule plastique et réfrigérer jusqu'à ce que le tout soit pris au moins 6 heures.

h) Pour terminer la tarte, recouvrez de chapelure cuite. Ou fouetter la crème facultative, en étaler la moitié sur la mousse et garnir de chapelure. Dresser ensuite un liseré de rosaces du reste de crème sur le pourtour de la tarte à l'aide d'une poche à douille munie d'une douille étoilée.

67. Mousse tango à la mangue

Donne : 6 portions

INGRÉDIENTS:
- 2 grosses mangues mûres ; pelé; épépiné (3/4 lb chacun)
- 1 enveloppe de gélatine non aromatisée (1 c. à soupe)
- ½ citron (jus de)
- 1 tasse de yogourt faible ou sans gras
- 1 cuillère à café d'extrait de vanille
- ¼ tasse (plus 2 c. à soupe) de sucre glace
- 2 gros blancs d'œufs, à température ambiante

INSTRUCTIONS:
a) Réduire les mangues en purée au robot culinaire ou au mélangeur. Vous devriez avoir environ 1 tasse. Tamis si fibreux. Mettre de côté.
b) Faire ramollir la gélatine dans le jus de citron dans une petite casserole.
c) Placer la casserole sur feu très doux et remuer 2 minutes jusqu'à ce que la gélatine soit claire et dissoute. Ajouter à la purée de mangue. Ajouter le yaourt et la vanille. Tamiser le sucre dans la purée et fouetter le mélange jusqu'à consistance lisse.
d) Réfrigérer, en remuant de temps en temps, jusqu'à ce que le mélange commence à épaissir.
e) Battre les blancs d'œufs jusqu'à ce qu'ils soient presque fermes. Incorporer un peu de blanc d'œuf au mélange de mangue. Incorporer délicatement les blancs restants.
f) Versez la mousse dans un joli bol de service ou 6 jolis plats en verre.
g) Réfrigérer jusqu'à prise, au moins 2 heures. Garnir de fruits si désiré.

68. Mousse à l'érable

Fait : 1 lot

INGRÉDIENTS:
- 1 Enveloppe gélatine nature
- ¼ tasse d'eau froide
- 4 oeufs, séparés
- 1 tasse de vrai sirop d'érable
- ¼ cuillère à café de crème de tartre
- 2 tasses de crème fouettée

INSTRUCTIONS:
a) Faire ramollir la gélatine dans de l'eau froide. Battre 4 jaunes d'œufs jusqu'à consistance mousseuse. Ajouter le sirop d'érable. Bien mélanger. Ajouter la gélatine. Verser dans la casserole. Laisser cuire à feu très doux en remuant constamment pendant environ 10 min. (devrait être assez épais).
b) Cool. Battre les blancs d'œufs; ajouter la crème de tartre et battre jusqu'à formation de pics fermes. Plier ensemble le mélange de gélatine, les blancs d'œufs et la crème fouettée.
c) Répartir dans des coupes à dessert et servir. Peut être saupoudré de noix si désiré.

69. Tarte à la mousse à l'érable et aux noix

Donne : 8 portions

INGRÉDIENTS:
- 3 oeufs, séparés
- ⅛ cuillère à café de sel
- ¾ tasse de sirop d'érable
- 2 tasses de fouet Kool
- 1 tasse de viandes de noix, hachées
- 2 cuillères à soupe de chocolat mi-sucré, en copeaux
- 1 fond de tarte aux miettes de chocolat

INSTRUCTIONS:
a) Battre les jaunes d'œufs jusqu'à ce qu'ils soient de couleur citron. Ajouter le sel et le sirop d'érable. Cuire au bain-marie jusqu'à ce que le mélange de jaunes épaississe. Cool. Battre les blancs d'œufs en neige ferme. Combiner le mélange à l'érable, les blancs d'œufs et ⅔ du Kool Whip, en utilisant un mouvement de pliage. Incorporer ¾ de tasse de chair de noix. Gratter dans le fond de tarte cuit. Couvrir du reste de garniture fouettée. Saupoudrer du reste de chair de noix et de copeaux de chocolat. Congeler pendant au moins quatre heures.

70. Mousse à l'orange

Donne : 6 portions

INGRÉDIENTS:
4 oranges rouge rubis
75 grammes Sucre glace; (3 onces)
1 citron vert ou petit citron ; jus de
2 cuillères à café de gélatine en poudre trempée dans 2 cuillères à soupe d'eau
284 ml de crème fraîche épaisse; fouetté (10 floz)
Menthe fraîche et chantilly pour décorer

INSTRUCTIONS:
a) Coupez les oranges en deux, grattez la chair et placez-les dans un mélangeur ou un robot culinaire. Ajouter le sucre glace et le jus de lime ou de citron et mélanger jusqu'à consistance lisse.
b) Chauffez doucement la gélatine jusqu'à ce qu'elle soit dissoute. Refroidir légèrement.
c) Mélanger la gélatine refroidie dans l'orange pure, et incorporer la crème.
d) Verser dans des plats de service individuels et réfrigérer jusqu'à ce qu'ils soient pris.
e) Décorer avec de la menthe fraîche et de la crème.

71. Gâteau au fromage à la mousse de framboises du jardin d'oliviers

Donne : 6 portions
INGRÉDIENTS:
MOUSSE À LA FRAMBOISE
- 1½ cuillère à café de gélatine
- 1½ cuillère à soupe d'eau froide
- ½ tasse de confiture de framboises
- 2 cuillères à soupe de sucre
- 1 tasse de crème fouettée épaisse

REMPLISSAGE
- 1 livre de fromage à la crème ; doux
- ½ tasse) de sucre
- 2 oeufs
- ½ cuillère à café de vanille
- 1 croûte de chapelure au chocolat de 9 pouces préparée

INSTRUCTIONS:

a) Préchauffer le four à 325~. Mélanger le fromage à la crème, le sucre, les œufs et la vanille au batteur électrique à feu moyen jusqu'à homogénéité, environ 3 à 4 minutes. Verser dans la croûte préparée. Déposer sur une plaque à pâtisserie et enfourner pour 25 minutes. Refroidir à température réfrigérée.

b) MOUSSE-Saupoudrer la gélatine sur l'eau froide, remuer et laisser reposer 1 minute.

c) Micro à HIGH pendant 30 secondes ou jusqu'à ce que la gélatine soit complètement dissoute. (Ou chauffer sur la cuisinière avec 1 cuillère à soupe d'eau supplémentaire.) Mélanger la gélatine avec les conserves. Réfrigérer 10 minutes. CRÈME-Fouetter la crème jusqu'à formation de pics mous. Ajouter 2 cuillères à soupe de sucre et continuer à fouetter jusqu'à la formation de pics fermes. Mesurer 1-½ tasse de chantilly pour mousse et réserver.

d) Réfrigérer le reste de crème pour la garniture. Incorporer délicatement le mélange de framboises dans la crème fouettée mesurée. Étendre la mousse aux framboises sur le gâteau au fromage refroidi, en formant un léger monticule au centre. Réfrigérer 1 heure avant de servir. Pour servir, couper le gâteau au fromage en 6 portions et garnir chaque morceau d'une cuillerée de crème fouettée réservée.

72. Mousse au fruit de la passion

Donne : 8 portions

INGRÉDIENTS :
- 1 boîte de lait évaporé ; réfrigéré pendant la nuit
- 8 feuilles de gélatine ou 1 1/2 paquet de gélatine en poudre
- 2 tasses de jus de fruit de la passion
- 1½ tasse de sucre
- ½ tasse d'eau

INSTRUCTIONS :

a) Dissoudre la gélatine dans l'eau. Au batteur électrique, fouetter le lait évaporé jusqu'à ce qu'il soit ferme et mousseux. Ajouter le sucre et battre 1 min. Incorporer la gélatine. Incorporer le jus. Placer dans un moule huilé et réfrigérer au moins 6 heures. Démouler et servir avec une sauce aux fruits de la passion ou toute autre sauce aux fruits de votre choix.

73. Mousse de pêche

Donne : 1 Portions

INGRÉDIENTS:
- 2 tasses de pêches ; frais - tranché
- ⅔ tasse de sucre
- 3 gouttes d'extrait d'amande
- 2 tasses de crème ; fouetté

INSTRUCTIONS:

a) Peler et trancher les pêches, couvrir de sucre, laisser reposer une heure. Laver et passer au tamis. Incorporer la crème fouettée jusqu'à consistance ferme, ajouter l'arôme d'amande. Verser dans le moule et congeler sans remuer.

74. Mousse à l'ananas et à l'orange

Donne : 6 portions

INGRÉDIENTS:
- ¾ tasse de jus d'orange
- ¾ tasse de jus d'ananas
- ⅓ tasse de sucre
- Sel peu de grains
- 2 tasses de lait évaporé
- 1 tasse d'ananas écrasé

INSTRUCTIONS:
a) Mélanger les jus de fruits, l'ananas, le sucre et le sel. Verser dans le moule.
b) Emballez dans de la glace et du sel. Congeler partiellement. Remballer.
c) Incorporer délicatement le lait évaporé fouetté en neige ferme. Laisser reposer 4 heures.

75. Mousse de potiron praliné

Donne : 8 portions

INGRÉDIENTS :

- 1 tasse de lait froid
- 16 onces de citrouille
- 2 paquets (format de 4 portions chacun) de pouding instantané JELL-O à saveur de vanille
- 1¼ cuillère à café d'épices pour tarte à la citrouille
- 2 tasses de garniture fouettée COOL WHIP décongelée
- 2 cuillères à soupe de beurre ou de margarine
- ½ tasse de pacanes ou de noix hachées
- ⅓ tasse de cassonade bien tassée

INSTRUCTIONS :

a) VERSER le lait dans un grand bol. Ajouter la citrouille, les mélanges à pouding et les épices pour tarte à la citrouille. Battre au fouet 1 minute jusqu'à ce que le tout soit bien mélangé. (Le mélange sera épais.) Incorporer immédiatement la garniture fouettée. Répartir dans 8 verres à dessert.

b) RÉFRIGÉRER 4 heures ou jusqu'à ce que le tout soit pris.

c) MÉLANGER le beurre, les pacanes et le sucre dans un petit bol. Juste avant de servir, saupoudrer du mélange de noix de pécan. Garnir de garniture fouettée supplémentaire, de cannelle moulue, de menthe fraîche et de raisins de Corinthe. Conservez les restes de mousse au réfrigérateur.

76. Mousse au camembert royal

Donne : 6 portions

INGRÉDIENTS:
- ¼ tasse d'eau froide
- 1 cuillère à soupe de gélatine sans saveur
- 2½ onces de camembert
- 3 ¾ onces de Roquefort
- 1 cuillère à café de sauce Worcestershire
- 1 Oeuf séparé
- ½ tasse de crème à fouetter, fouettée
- Persil pour la garniture

INSTRUCTIONS:

a) Faire ramollir la gélatine dans l'eau. Placer la tasse dans l'eau chaude jusqu'à dissolution. Mélanger les fromages ensemble jusqu'à consistance lisse. Battre dans le Worcestershire, le jaune d'œuf puis la gélatine. Battre le blanc d'œuf jusqu'à consistance ferme. Incorporer la crème au mélange de fromage. Verser dans un moule de 2 ou 3 tasses. Réfrigérer toute la nuit.

b) Démouler et garnir de persil

77. Mousse de mandarine et variations

Donne : 1 mousse

INGRÉDIENTS:
- ¾ livres à 1 livre de mandarines
- 3 cuillères à soupe d'eau froide
- 1½ cuillère à café de gélatine
- 3 oeufs
- ¼ tasse Plus 1 cuillère à soupe de sucre
- 1 tasse de crème fouettée
- Jus de citron

INSTRUCTIONS:

a) Lavez bien les mandarines et râpez la peau en fines lanières dans un bol. Pressez les mandarines et filtrez ⅔ c de jus dans le même bol, en gardant tout jus supplémentaire. Mettez l'eau froide dans une petite casserole et saupoudrez-y la gélatine. Battre les œufs avec le sucre jusqu'à ce qu'ils forment un léger pic. Fouetter la crème jusqu'à ce qu'elle forme des pics mous. Dissoudre la gélatine à feu doux.

b) Ajouter lentement le mélange de jus et d'écorces à la gélatine en remuant constamment.

c) Incorporer la crème fouettée au mélange d'œufs et de sucre. Verser le mélange gélatine-jus dans le mélange de crème, en fouettant vivement là où le jus entre pour l'empêcher de gélifier avant qu'il ne soit bien mélangé. Sinon, il aura tendance à gélifier et à former de petits grumeaux. Goûtez et ajoutez une partie du jus réservé ou un peu de jus de citron si vous souhaitez plus d'acidité ou une saveur plus forte. Réfrigérer pendant plusieurs heures ou toute la nuit, en fouettant de temps en temps pendant la première heure pour éviter qu'il ne se sépare. Servir dans un verre, garni de quelques lambeaux d'écorce de mandarine, accompagné de Lace Cookies.

78. Mousse d'ananas à la noix de coco râpée grillée

Donne : 4 portions

INGRÉDIENTS:
- 1 Ananas frais; pelé, épépiné, réduit en purée
- ½ tasse de crème épaisse
- 6 jaunes d'œufs
- 1 cuillère à soupe de fécule de maïs
- ½ tasse) de sucre
- ¼ tasse d'eau
- 6 blancs d'œufs
- ¼ tasse de noix de coco, râpée
- 2 cuillères à soupe de sucre en poudre

INSTRUCTIONS:

a) Dans une casserole moyenne, placez la purée d'ananas et la crème épaisse, et mélangez-les. Chauffer le mélange à feu moyen pendant 8 à 10 minutes, ou jusqu'à ce qu'il soit réduit en sirop. Gardez-le au chaud.

b) Dans un petit bol, placez les jaunes d'œufs et la fécule de maïs, et battez-les ensemble. Ajouter les jaunes d'œufs au mélange de crème. En fouettant constamment, cuire le mélange pendant 6 à 8 minutes, ou jusqu'à ce qu'il ait la consistance d'une crème fouettée moyenne. Mettez-le de côté.

c) Dans un petit bol, placez les blancs d'œufs. Battez-les au batteur électrique à basse vitesse pendant 2 à 3 minutes, ou jusqu'à ce qu'ils soient mousseux.

d) Allumez le batteur électrique à vitesse élevée et, tout en continuant à battre les blancs d'œufs, versez lentement le mélange sucre-eau sur le côté du bol.

e) Continuer à battre le mélange pendant 8 à 10 minutes de plus, ou jusqu'à ce que la meringue soit très brillante et que le fond du bol soit froid.

f) Ajouter le mélange de crème à la meringue et l'incorporer délicatement.

g) Préchauffer le four à 400°F. Dans chacun des 4 petits plats à soufflé, déposer le mélange de manière à ce que les plats soient à moitié remplis. Ajouter la noix de coco râpée. Remplir les plats avec le mélange restant. Saupoudrer le sucre glace dessus. Cuire la mousse pendant 8 à 10 minutes, ou jusqu'à ce qu'elle soit prise. Retirez-le du four.

h) Placer la mousse sous le gril préchauffé pendant 30 secondes, ou jusqu'à ce que le sucre soit caramélisé.

TASSES À MOUSSE

79. Coupes de mousse à la vanille

Donne : 6

INGRÉDIENTS:
- 8 onces de fromage à la crème en bloc, ramolli
- 1/2 tasse de succédané de sucre tel que Swerve
- 1 1/2 cuillère à café d'extrait de vanille
- Pincée de sel de mer
- 1/2 tasse de crème fouettée épaisse
- Framboises, pour garnir

INSTRUCTIONS:
a) Ajouter les quatre premiers ingrédients dans un robot culinaire ou un mélangeur.
b) Mélanger jusqu'à ce qu'ils soient combinés.
c) Avec le mélangeur en marche, ajouter lentement la crème épaisse.
d) Continuer à mélanger jusqu'à épaississement, environ 1-2 minutes. La consistance doit ressembler à une mousse.
e) Préparez un moule à cupcakes ou à muffins avec 6 moules en papier et répartissez le mélange dans les moules.
f) Refroidir au réfrigérateur jusqu'à ce qu'il soit pris et déguster avec une garniture de framboises!

80. Coupes de mousse au chocolat S'mores

Donne : 4 portions

INGRÉDIENTS:
- 1 tasse de chapelure de biscuits Graham
- 2 jaunes d'œufs
- ¼ tasse) de sucre
- ½ tasse de crème épaisse à fouetter
- ½ tasse de chocolat
- ¾ tasse de crème épaisse à fouetter

INSTRUCTIONS:
a) Battre les jaunes d'œufs dans un petit bol avec un batteur électrique à haute vitesse pendant environ 3 minutes ou jusqu'à ce qu'ils soient épais et de couleur citron. Incorporer progressivement le sucre.
b) Chauffer ½ tasse de crème à fouetter dans une casserole de 2 pintes à feu moyen jusqu'à ce qu'elle soit chaude. Incorporer graduellement au moins la moitié de la crème fouettée chaude au mélange de jaunes d'œufs; remuer dans la crème chaude dans une casserole. Cuire à feu doux pendant environ 3 minutes, en remuant constamment, jusqu'à ce que le mélange épaississe.
c) Incorporer les pépites de chocolat jusqu'à ce qu'elles soient fondues. Couvrir et réfrigérer pendant environ 2 heures, en remuant de temps en temps, jusqu'à ce qu'il soit refroidi.
d) Battre ¾ tasses de crème à fouetter dans un bol moyen refroidi avec un batteur électrique à haute vitesse jusqu'à consistance ferme. Incorporer le mélange de chocolat à la crème fouettée.
e) Pocher ou verser le mélange dans des bols de service. Réfrigérez immédiatement tout dessert restant après avoir servi.
f) Garnir de crème de guimauve et de guimauve géante - pain grillé.

81. Tasses à mousse de café

Donne : 4

INGRÉDIENTS
- 2 1/2 cuillères à soupe de sucre semoule
- 4 œufs
- 3/4 tasse + 2 cuillères à soupe de crème épaisse
- 3 cuillères à soupe de poudre de café instantané - ou de poudre d'espresso
- 1 cuillère à soupe de cacao en poudre non sucré - facultatif
- 1 cuillère à café de gélatine en poudre
- 1 cuillère à soupe de poudre de café instantané et de poudre de cacao, mélangés - facultatif, pour finir la mousse

INSTRUCTIONS

a) Séparez les jaunes d'œufs et les blancs. Mettez les Jaunes d'Oeufs dans un grand bol et les Blancs dans le bol de votre Mixeur. Mettre de côté.

b) Placer la poudre de gélatine dans un petit bol avec l'eau froide, mélanger et laisser tremper.

c) Ajouter le sucre semoule aux jaunes d'œufs et fouetter jusqu'à ce qu'ils soient mousseux et de couleur plus claire.

d) Placez la crème épaisse, la poudre de café instantané et la poudre de cacao dans une petite casserole et faites chauffer à feu doux jusqu'à ce que les poudres soient dissoutes, en remuant de temps en temps. Ne laissez pas bouillir la crème.

e) Verser la crème épaisse chaude sur le jaune d'œuf et le sucre en fouettant. Fouettez bien, puis remettez dans la casserole à feu doux. Continuez à fouetter jusqu'à ce que la crème commence à épaissir, puis retirez directement du feu et transférez dans un grand bol propre.

f) Ajouter la gélatine réhydratée à la crème et bien fouetter jusqu'à ce qu'elle soit complètement intégrée. Laisser refroidir complètement.

g) Pendant que la crème refroidit, commencez à fouetter les blancs d'œufs pour obtenir des pics fermes.

h) Lorsque la crème est froide, incorporer délicatement les Blancs d'Oeufs Montés en 3 à 4 fois. Essayez de ne pas trop travailler la crème.

i) Versez la mousse au café dans des tasses ou des bocaux individuels et placez au réfrigérateur pour prendre pendant au moins 2 heures.

j) Facultatif : au moment de servir, saupoudrez de poudre de café instantané et de poudre de cacao sur les mousses pour les finir.

82. Coupes de mousse au caramel salé

INGRÉDIENTS
STREUSEL
- 1/4 tasse de farine tout usage
- 1/4 tasse de farine d'amande
- 1/4 tasse de cassonade
- 4 cuillères à soupe de beurre

MOUSSE AU CARAMEL
- 1 paquet de fromage à la crème, ramolli
- 1 cuillère à café de vanille
- 1/3 tasse de caramel
- 1 pot de garniture de crème fouettée

GARNITURE
- 3 cuillères à soupe de crème fouettée
- caramel

INSTRUCTIONS
STREUSEL
a) Mélanger la farine, la farine d'amande, la cassonade et le beurre dans un bol. Utilisez vos doigts pour mélanger le tout jusqu'à ce qu'il soit friable. Étaler sur une plaque à pâtisserie recouverte de papier sulfurisé ou de papier d'aluminium et cuire jusqu'à ce qu'il commence à dorer.

b) Refroidir sur une grille. Émietter le mélange avec les doigts et répartir dans 3 petits verres.

MOUSSE
c) Dans un mélangeur sur pied, battre le fromage à la crème et le caramel. Ajouter le pot de Cool Whip et la vanille et mélanger jusqu'à ce qu'ils soient incorporés. Placer la mousse dans une poche à douille et pocher la mousse dans les verres au-dessus du streusel.

d) Réfrigérer pendant 4 à 6 heures ou toute la nuit.

e) Au moment de servir, garnir avec 1 cuillère à soupe de caramel sur chaque verre et une cuillerée de crème fouettée.

83. Coupes de mousse au Nutella

Donne : 3-4 portions

INGRÉDIENTS
- ½ tasse de fromage à la crème, ramolli
- ⅓ tasse de Nutella
- ½ cuillère à soupe d'extrait de vanille
- ⅔ tasse de crème épaisse
- 1 cuillère à soupe de sucre granulé
- 1 cuillère à soupe de cacao en poudre, non sucré

INSTRUCTIONS
a) Dans un grand bol à mélanger, utilisez un batteur à main et battez le fromage à la crème jusqu'à ce qu'il soit léger et mousseux.
b) Ajouter le Nutella et l'extrait de vanille et continuer à battre jusqu'à ce que tout soit lisse et parfaitement mélangé.
c) Dans un autre bol plus petit, fouetter la crème à l'aide de votre batteur à main réglé à vitesse basse-moyenne jusqu'à ce que vous formiez des pics mous. Ajoutez le sucre et la poudre de cacao et réglez le mélangeur sur élevé et continuez à fouetter jusqu'à ce que vous atteigniez des pics fermes.
d) Incorporer délicatement le mélange de crème à fouetter dans le mélange de Nutella/fromage à la crème jusqu'à ce qu'il soit complètement combiné et qu'aucune trace ne soit visible.
e) Transférer la mousse dans des coupelles de service de taille individuelle. Vous pouvez les canaliser pour faciliter le transfert. A ce stade, la mousse sera très douce. Réfrigérer au moins 2 heures pour que la mousse prenne. Si vous avez le temps, laissez-le toute la nuit.
f) Servir tel quel ou garnir la souris avec vos garnitures préférées telles que la crème fouettée et les copeaux de chocolat.

DÔMES EN MOUSSE

84. Dômes Mousse Fraise avec Insert Crème Pâtissière

Donne : 12 portions

INGRÉDIENTS
BASE DE BISCUITS AUX NOISETTES
- ½ tasse de farine de noisette
- 1 tasse de farine tout usage
- 5 cuillères à soupe de beurre non salé
- ⅓ tasse de cassonade
- ½ cuillère à café d'extrait de vanille
- 1 cuillère à soupe de lait

DÔMES À LA CRÈME PÂTISSIÈRE À LA VANILLE
- 1 tasse de lait entier
- ½ tasse de crème fouettée
- ½ tasse) de sucre
- 2 cuillères à soupe de fécule de maïs
- ½ cuillère à café de pâte de gousse de vanille

MOUSSE DE FRAMBOISE
- 1 livre de fraises
- 1 cuillère à soupe de jus de citron
- ¼ tasse) de sucre
- 1 cuillère à soupe d'agar-agar
- 4 cuillères à soupe d'eau
- 1 tasse de crème épaisse
- 2 cuillères à soupe de sucre en poudre

COULIS DE FRAISE
- ½ tasse de fraises
- 1 cuillère à soupe d'eau
- 4 cuillères à soupe de sucre
- 1 cuillère à café de fécule de maïs

INSTRUCTIONS
CROÛTE DE BISCUITS AUX NOISETTES

a) Dans le bol d'un batteur sur socle avec l'accessoire à palette, crémer le beurre et le sucre jusqu'à consistance légère et mousseuse. Ajouter l'extrait de vanille, puis la poudre de noisette et la farine - bien mélanger. ajouter une cuillère à soupe de lait juste assez pour former une boule. Envelopper dans une pellicule plastique et réfrigérer 30 minutes ou jusqu'à ce qu'il soit assez ferme pour rouler

b) Rouler la pâte en une feuille de ¼ de pouce d'épaisseur sur une surface légèrement farinée. À l'aide d'un emporte-pièce de la même taille que votre moule, découpez la base des dômes.

c) Préchauffer le four à 350 °F.

d) Placer sur une plaque à pâtisserie recouverte de papier sulfurisé. Cuire dans un four préchauffé pendant 8 à 10 minutes jusqu'à ce qu'ils soient légèrement dorés. Transférer sur une grille de refroidissement pour refroidir complètement.

DÔMES À LA CRÈME PÂTISSIÈRE À LA VANILLE

a) Dans une casserole à fond épais, mélanger le lait, la crème épaisse, le sucre et la fécule de maïs. Cuire à feu moyen jusqu'à ce que le lait arrive presque à ébullition. Baisser le feu à doux et continuer à remuer jusqu'à ce que le mélange épaississe et nappe le dos d'une cuillère en bois. Ajouter la pâte de gousse de vanille ou l'extrait de vanille et retirer du feu.

b) Utilisez un petit dôme en silicone demi-cercle de 1 ½ pouce. Verser la crème pâtissière encore chaude dans les dômes des moules en silicone. Lisser le dessus, couvrir d'une pellicule plastique et placer au congélateur pendant au moins 3 heures ou jusqu'à consistance ferme

POUR LA MOUSSE DE FRAISE

a) Mélanger l'agar-agar avec 4 cuillères à soupe d'eau. Laisser tremper pendant 3 minutes puis chauffer au micro-ondes pendant 30 à 40 secondes jusqu'à dissolution complète. Laisser refroidir légèrement

b) Dans un bol allant au micro-ondes, faire tremper la gélatine dans l'eau pendant 2 minutes. Ensuite, chauffez au micro-ondes pendant 30 secondes à une minute jusqu'à dissolution.
c) Mélanger les fraises avec le jus de citron dans un robot culinaire jusqu'à consistance lisse. Filtrer à travers un tamis ou une maille. Ajoutez ensuite le sucre et mélangez bien.
d) Ajouter l'agar-agar fondu à la purée de fraises. La meilleure façon de le faire est d'ajouter quelques cuillères à soupe de purée de fraises à l'agar-agar. Combinez ensuite les deux.
e) Dans le bol d'un batteur sur socle avec le fouet, fouetter la crème épaisse avec le sucre en poudre jusqu'à l'obtention de pics fermes.
f) Mélangez ensuite délicatement la crème fouettée et le mélange de fraises. Voilà votre mousse aux fraises prête
g) Utilisez un grand moule en silicone à dôme de 3 pouces. Remplissez-le à moitié de mousse, puis insérez le dôme de crème pâtissière surgelée que nous avons créé précédemment. Secouez la casserole pour éliminer les poches d'air et utilisez un doigt pour laisser le dôme s'enfoncer légèrement. Garnir de plus de mousse aux fraises. Utilisez une spatule pour niveler le dessus et grattez tout excédent.
h) Placer au congélateur environ 2 à 3 heures ou jusqu'à consistance ferme

POUR LE COULIS
a) Mixer les fraises dans un robot culinaire jusqu'à consistance lisse.
b) Dans une casserole, ajouter l'eau, la fécule de maïs, le sucre et la purée de fraises. Cuire à feu doux jusqu'à ce que le mélange soit épais et translucide.
c) Passer à nouveau au tamis et laisser refroidir à température ambiante.

ASSEMBLER
a) Lorsque les dômes de mousse aux fraises sont bien fermes, retourner les moules en silicone et les démouler.

b) Placer chaque dôme sur la croûte de biscuits aux noisettes préparée.
c) Garnir d'une cuillère à café de coulis de fraise épais si vous avez utilisé un dôme avec un centre évidé. Garnir d'une feuille de menthe et d'une tranche de fraise. J'utilise des fleurs en sucre.
d) Laisser décongeler au réfrigérateur pendant une heure avant de servir pour que la mousse soit moelleuse et non congelée.
e) Apprécier!

85. Dômes Mousse Chocolat Orange

Donne : 8 portions

INGRÉDIENTS
CRÉMEUX À L'ORANGE
- 1/3 tasse de jus d'orange
- 1 cuillère à café de zeste d'orange
- 1 cuillère à soupe de sucre
- 2 cuillères à soupe de crème
- 1 jaune d'oeuf
- 1/2 cuillère à café de gélatine en poudre
- 1 cuillère à soupe de jus d'orange
- Écorce d'orange confite, hachée

GÉNOISE ORANGE
- 3 oeufs
- 1/3 tasse de sucre
- 3/4 tasse de farine tout usage
- 1 ½ cuillères à soupe de beurre, fondu
- 1 cuillère à café de zeste d'orange

POUR TREMPER LA GENOISE
- 2 cuillères à soupe de liqueur d'orange

MOUSSE AU CHOCOLAT
- 5,5 onces de chocolat mi-sucré
- 1/2 tasse de crème fouettée
- 2/3 tasse de crème à fouetter, froide
- 1 cuillère à café de gélatine en poudre
- 1 cuillère à soupe d'eau froide

GLAÇAGE MIROIR
- 6 onces de chocolat blanc, petits morceaux
- 1/3 tasse d'eau
- 3/4 tasse de sucre
- 31/2 onces de lait concentré sucré
- 1 cuillère à café d'extrait de vanille
- 1 cuillère à soupe de gélatine en poudre
- 1/4 tasse d'eau froide
- Colorant alimentaire blanc et orange pour glaçage miroir coloré

INSTRUCTIONS

PREPAREZ LE CREMEUX A L'ORANGE.

a) Dans un bol, mélanger le jaune avec le sucre jusqu'à l'obtention d'une couleur crémeuse et jaune clair.
b) Dans un petit bol, déposer la gélatine et 1 cuillère à soupe de jus d'orange et laisser gonfler pendant 5 à 10 minutes.
c) Dans une petite casserole, porter à ébullition le jus d'orange, le zeste d'orange et la crème épaisse. Retirer du feu et verser un quart du mélange bouilli au jaune, pour tempérer, en remuant continuellement.
d) Verser le mélange de jaunes dans le reste du mélange d'oranges bouillies, remettre sur le feu et poursuivre la cuisson jusqu'à ce qu'il commence à épaissir, ne pas trop cuire.
e) Retirer du feu et incorporer la gélatine essorée. Placer des petits moules en silicone pour cake pops sur une plaque allant au four et verser le mélange. Ajouter le zeste d'orange confit sur le dessus de chacun et congeler jusqu'à utilisation.

PRÉPAREZ LA GÉNOISE À L'ORANGE.

a) Préchauffer le four à 350F.
b) Graisser un moule de 9 × 13 pouces et tapisser de papier parchemin.
c) Dans un bol résistant à la chaleur, ajoutez les œufs et le sucre. Mélanger pour combiner. Placer sur une casserole avec de l'eau frémissante et continuer à mélanger pendant environ 7-8 minutes jusqu'à ce qu'il soit épais et triple de volume. Attention à ne pas cuire les œufs, la température du mélange ne doit pas dépasser 122F.
d) Retirer du feu et continuer à mélanger jusqu'à ce qu'il refroidisse légèrement. Mélanger le zeste d'orange.
e) Incorporer petit à petit la farine tamisée et le beurre fondu.
f) Verser la pâte dans le moule préparé et cuire environ 10 minutes jusqu'à ce qu'elle soit dorée et qu'un cure-dent inséré au centre du gâteau en ressorte propre.

g) Retirer du four, laisser refroidir dans le moule pendant 5 minutes et transférer sur une grille de refroidissement pour refroidir complètement.

PRÉPAREZ LA MOUSSE AU CHOCOLAT.

a) Dans un bol résistant à la chaleur, ajouter le chocolat mi-sucré et 1/2 tasse de crème à fouetter. Placez le bol sur une casserole avec de l'eau frémissante, à feu doux, jusqu'à ce que tout le chocolat soit fondu. Pendant ce temps, dissoudre la gélatine dans de l'eau froide et laisser gonfler environ 5 à 10 minutes. Ajouter la gélatine essorée sur le chocolat fondu et remuer pour dissoudre. Laissez le mélange de chocolat refroidir complètement à température ambiante.

b) Fouettez les 2/3 de tasse de crème à fouetter réfrigérée restante jusqu'à ce que des pics fermes se forment. Ajouter le mélange de chocolat fondu et mélanger jusqu'à ce que le tout soit bien mélangé.

c) Assemblage des dômes.

d) Couper la génoise en disques de 2,7 pouces. Badigeonner chacun de liqueur d'orange ou simplement de sirop de sucre.

e) Placez des moules en silicone en demi-cercle de 2,7 pouces sur une plaque à pâtisserie et, à l'aide d'une pointe unie de ½ pouce, versez de la mousse au chocolat dans la base des moules et utilisez une cuillère pour étaler la mousse sur tous les côtés des moules.

f) Ajouter un peu plus de mousse au chocolat jusqu'à la moitié du moule.

g) Ajouter du Crémieux à l'orange sur chacun et pocher de la mousse au chocolat autour.

h) Garnir de disques de génoise imbibés de liqueur et congeler une nuit.

PRÉPAREZ LE GLAÇAGE MIROIR.

a) Dans un petit bol, placez la gélatine et 1/4 tasse d'eau froide et laissez gonfler pendant 5 à 10 minutes.

b) Mettre le chocolat dans un bol et réserver.

c) Mettre l'eau, le sucre et le lait concentré dans une casserole. Porter juste à ébullition et retirer du feu. Incorporer la gélatine essorée jusqu'à ce qu'elle soit dissoute.
d) Verser le mélange chaud sur le chocolat. Laisser reposer environ 5 minutes jusqu'à ce que le chocolat soit fondu.
e) Utilisez un mixeur plongeant et mixez jusqu'à consistance lisse. Ajouter l'extrait de vanille et le colorant alimentaire blanc. Tamiser le glaçage. Verser environ ½ tasse de glaçage dans un petit bol. Ajouter le colorant alimentaire orange et mélanger. Ajouter le glaçage orange au glaçage blanc et remuer légèrement pour créer un effet marbré.
f) Laissez le glaçage refroidir à 90-95F avant de verser sur les dômes gelés.
g) Retirer les dômes des moules et les déposer sur une grille posée sur une plaque de cuisson tapissée de papier sulfurisé.
h) Versez le glaçage marbré sur les dômes, transférez délicatement les dômes dans un plat de service et réfrigérez environ 1 à 2 heures.
i) Décorer le fond de chacun avec du chocolat blanc haché et réserver au réfrigérateur jusqu'au moment de servir.

86. Dômes Panna Cotta et Mousse Mangue

Donne : 6-7 dômes

INGRÉDIENTS
PANNA COTTA
- 150 g de crème fouettée
- 50g de lait
- 33g de sucre semoule
- 2 cuillères à café de pâte de gousse de vanille
- 2 g de feuilles de gélatine

CUBES DE MANGUE
- 1 dés de chair de mangue
- 100 g de purée de mangue
- 2 g de feuilles de gélatine
- 25g de sucre semoule

MOUSSE À LA MANGUE
- 150 g de purée de mangue
- 4 g de feuilles de gélatine
- 10g de sucre semoule
- 120 g de crème fouettée

GLAÇAGE À LA MANGUE
- 1 cuillère à café de jus de citron
- 100 g de purée de mangue
- 4 g de feuilles de gélatine
- 2 cuillères à café de sucre granulé

INSTRUCTIONS:
POUR LA PANNA COTTA
a) Porter à ébullition la crème fouettée, le lait, le sucre et la pâte de gousse de vanille.
b) Retirer du feu, ajouter et remuer la gélatine ramollie jusqu'à ce qu'elle soit dissoute.
c) Laisser refroidir. Verser le mélange au tamis dans des petits verres ou des moules.
d) Refroidir au réfrigérateur jusqu'à ce qu'il soit pris.

POUR LES CUBES DE MANGUE
a) Couper la mangue en petits cubes.
b) Faire bouillir la moitié de la purée de mangue avec le sucre jusqu'à ce que le sucre soit dissous.
c) Retirer du feu, ajouter et remuer la gélatine ramollie jusqu'à ce qu'elle soit dissoute.
d) Incorporer l'autre moitié de purée de mangue et les cubes de mangue.
e) Déposer les cubes de mangue sur la panna cotta.
f) Refroidir au réfrigérateur jusqu'à ce qu'il soit pris.

POUR LA MOUSSE DE MANGUE
a) Faire bouillir la moitié de la purée de mangue avec le sucre jusqu'à ce que le sucre soit dissous.
b) Retirer du feu, ajouter et remuer la gélatine ramollie jusqu'à ce qu'elle soit dissoute.
c) Incorporer l'autre moitié de purée de mangue.
d) Ajouter la crème fouettée et bien mélanger à la mousse de mangue jaune clair.
e) Déposer sur les cubes de mangue.
f) Refroidir au réfrigérateur jusqu'à ce qu'il soit pris.

POUR LE GLAÇAGE À LA MANGUE
a) Faire bouillir la moitié de la purée de mangue avec le sucre jusqu'à ce que le sucre soit dissous.
b) Retirer du feu, ajouter et remuer la gélatine ramollie jusqu'à ce qu'elle soit dissoute.
c) Incorporer l'autre moitié de purée de mangue et le jus de citron.
d) Laisser refroidir. Pendant ce temps démouler la panna cotta et la mousse de mangue.
e) Verser le glaçage à la mangue dessus. [Veuillez consulter mon ancien message pour voir une astuce]
f) Refroidir au réfrigérateur jusqu'à ce qu'il soit pris. Décorez et dégustez.

87. Mini dôme de mousse aux myrtilles avec glaçage miroir

Donne : 15 gâteaux

INGRÉDIENTS:
POUR LA GELÉE DE BLEUETS :
- 1 1/2 tasse de bleuets
- 1/4 tasse de sucre granulé, divisé
- 3 cuillères à café de jus de citron, divisé
- 1 1/2 feuilles de gélatine en feuilles
- 2 cuillères à soupe d'eau, plus plus pour faire fleurir la gélatine

POUR LE GÂTEAU :
- 2 gros œufs, séparés, à température ambiante
- 1/4 tasse de sucre granulé, divisé
- 1 cuillère à soupe de lait
- 1/4 cuillère à café d'extrait d'amande
- 1/4 tasse plus 2 cuillères à soupe de farine à gâteau
- 2 cuillères à soupe de farine d'amande
- 1/4 cuillère à café de sel de mer fin

POUR LA MOUSSE :
- 3 feuilles de gélatine en feuilles
- 1/2 tasse de purée de bleuets
- 1/2 tasse de fromage mascarpone, à température ambiante
- 1/4 tasse de sucre cristallisé
- 3/4 tasse de crème fouettée
- 1/2 cuillère à café d'extrait de vanille
- 1/4 cuillère à café d'extrait d'amande
- pincée de sel de mer fin

POUR LE GLAÇAGE MIROIR :
- 6 feuilles de gélatine en feuilles
- 1 tasse de sucre
- 2/3 tasse de sirop de maïs ou sirop de glucose
- 1/2 tasse d'eau
- 1/2 tasse de lait concentré sucré
- 7 onces de chocolat blanc de bonne qualité, finement haché

INSTRUCTIONS:

POUR FAIRE LA PURÉE ET LA GELÉE DE BLEUETS :

a) Mélanger les myrtilles, 2 cuillères à soupe de sucre et 1 1/2 cuillères à café de jus de citron dans une petite casserole.

b) Porter à ébullition à feu moyen, en écrasant légèrement les baies en remuant, jusqu'à ce que les bleuets soient ramollis et éclatent.

c) Transférer dans un mélangeur ou un robot culinaire et réduire en purée jusqu'à consistance complètement lisse.

d) Mesurer 1/2 tasse de purée et remettre dans la casserole. Mettez le reste dans un bocal ou un récipient hermétique et réfrigérez-le pour plus tard.

e) Coupez les feuilles de gélatine en bandes de 1 pouce et plongez-les dans de l'eau froide pendant au moins 5 minutes pour les ramollir. Si vous utilisez de la gélatine en poudre, saupoudrez 1 1/2 cuillères à café sur 2 cuillères à soupe d'eau froide.

f) Ajouter les 2 cuillères à soupe de sucre restantes et 1 1/2 cuillères à café de jus de citron, ainsi que 2 cuillères à soupe d'eau dans une casserole avec la purée. Chauffer jusqu'à ce qu'il commence à peine à bouillonner.

g) Essorez la gélatine ramollie avec vos mains en pressant autant d'eau que possible.

h) Ajouter à la casserole avec le mélange de bleuets chaud et fouetter jusqu'à dissolution complète.

i) Verser le mélange de bleuets dans des moules sphériques en silicone de 1 pouce. Alternativement, vous pouvez utiliser un gâteau tapissé de papier sulfurisé ou un plat allant au four.

j) Tapisser de papier sulfurisé en laissant les poignées dépasser sur les côtés pour faciliter le retrait de la gélatine prise. Vous découperez des "pièces" de gelée dans ce plus gros morceau, au lieu d'utiliser de petites demi-sphères dans vos gâteaux.

k) Réfrigérer toute la nuit jusqu'à ce qu'il soit complètement pris, puis retirer délicatement des moules.

POUR FAIRE LA GÂTEAU ÉPONGE :

a) Préchauffer le four à 350 degrés F. Tapisser un quart de plaque de papier d'aluminium ou un tapis de cuisson en silicone; feuille de graisse ou de beurre.
b) Placer les jaunes d'œufs dans un bol; fouetter vigoureusement avec 3 cuillères à soupe de sucre jusqu'à éclaircissement de la couleur. Fouetter le lait et l'extrait d'amande.
c) Tamiser la farine à gâteau et la farine d'amandes; ajouter le sel et plier jusqu'à ce qu'il soit juste incorporé.
d) Dans un bol propre, fouetter les blancs d'œufs jusqu'à ce qu'ils soient mousseux. Ajouter 1 cuillère à soupe de sucre restante et battre jusqu'à ce que les blancs aient des pics moyens. Pliez 1/3 des blancs dans le mélange de pâte pour éclaircir, puis raclez le mélange de pâte dans le bol avec les blancs, en pliant jusqu'à ce qu'il soit juste incorporé et qu'il ne reste plus de stries blanches pures.
e) Verser la pâte sur la plaque préparée, étaler en une couche mince et uniforme. Cuire au four de 9 à 11 minutes ou jusqu'à ce que le gâteau soit spongieux au toucher et commence à peine à noircir sur les bords. Laisser refroidir complètement.

POUR LA MOUSSE AUX BLEUETS :
a) Couper la gélatine en bandes de 1 pouce et plonger dans de l'eau froide pour la ramollir.
b) Pendant ce temps, réchauffer la 1/2 tasse de purée de bleuets réservée dans une casserole à feu moyen jusqu'à ce qu'elle soit à nouveau lisse.
c) Essorez l'eau de la gélatine ramollie et ajoutez-la à la purée de bleuets chaude; fouetter jusqu'à consistance lisse. Réserver et laisser refroidir à tiède.
d) Dans un bol, fouetter le mascarpone à température ambiante avec le sucre, le sel et les extraits jusqu'à consistance lisse et pâteuse. Ajouter le mélange de bleuets tiède et fouetter jusqu'à consistance lisse.
e) Dans un bol propre ou le bol d'un batteur sur socle, battre la crème épaisse jusqu'à ce qu'elle forme des pics mous. Ajouter 1/3 de crème au mélange de bleuets et plier pour alléger, puis

ajouter le mélange de bleuets entier dans le bol avec la crème et plier jusqu'à ce qu'il soit complètement incorporé.
f) Pour monter vos gâteaux, versez ou pochez la mousse dans des moules en silicone, pas tout à fait pleins.
g) Pressez délicatement une sphère de gelée, côté incurvé vers le bas, dans le haut de chaque moule rempli de mousse. Grattez avec une spatule coudée pour que le dessus soit parfaitement au même niveau que le dessus du moule. Enfin, découpez des ronds de génoise exactement de la même taille que le fond des moules et pressez-les sur le dessus de la mousse. Congeler au moins 3 heures ou toute la nuit jusqu'à ce qu'ils soient complètement fermes.
h) Avant de faire le glaçage, retirez les gâteaux des moules et placez-les sur une plaque à biscuits congelée recouverte de papier parchemin. Remettre au congélateur juste avant le glaçage.

POUR LE GLAÇAGE MIROIR :
a) Couper la gélatine en bandes de 1 pouce et plonger dans de l'eau froide pendant au moins 5 minutes pour ramollir. Mettre le chocolat blanc dans un bol résistant à la chaleur et réserver.
b) Mélanger le sucre, le sirop de maïs et l'eau dans une casserole et porter à ébullition à feu moyen jusqu'à ce que le sucre soit complètement dissous et que le mélange soit clair.
c) Retirer du feu, puis ajouter la gélatine et fouetter jusqu'à ce qu'elle soit dissoute. Fouetter le lait concentré sucré.
d) Verser le mélange chaud sur le chocolat blanc haché et laisser reposer pendant 30 secondes, puis remuer jusqu'à ce que le chocolat soit complètement fondu et que le mélange soit lisse.
e) Laisser refroidir le glaçage, en remuant de temps en temps, jusqu'à ce que le glaçage atteigne environ 95 degrés F sur un thermomètre à lecture instantanée. Le glaçage doit être à la bonne température, sinon il ne formera pas une couche suffisamment épaisse à l'extérieur des gâteaux.
f) Lorsque le glaçage est de 95 à 96 degrés, ajoutez du colorant alimentaire en poudre ou en gel comme vous le souhaitez. Les

couleurs plus foncées ont tendance à être particulièrement frappantes avec cette technique de glacis.

g) Retirez les gâteaux du congélateur et placez-les sur une plaque à biscuits tapissée de papier sulfurisé, surélevée de la plaque à l'aide de petits bocaux ou d'emporte-pièces.
h) Verser généreusement le glaçage sur les gâteaux en prenant soin de s'assurer qu'il ne reste pas de taches nues. Laisser l'excédent de glaçage s'égoutter pendant 5 à 10 minutes, puis gratter délicatement les bords pour enlever les gouttes restantes.
i) Transférer délicatement les gâteaux à l'aide d'une petite spatule décalée sur des ronds de gâteau en carton ou de petits morceaux de papier sulfurisé pour un déplacement facile.
j) Tout glaçage restant peut être gratté et réfrigéré dans un récipient hermétique pour une utilisation ultérieure.

88. Dôme de tarte à la mousse de matcha

Donne : 6 tartelettes plus
INGRÉDIENTS:
- 5 grammes de feuille de gélatine trempée dans de l'eau froide
- 100 grammes de lait
- 7 grammes de matcha en poudre
- 1 jaune
- 1 blanc d'oeuf
- 60 grammes de sucre semoule, divisé
- 100 grammes de crème fouettée

INSTRUCTIONS:

a) Verser le lait dans une petite casserole et ajouter la poudre de matcha, fouetter pour briser les grumeaux. Baisser le feu à doux et chauffer le mélange, ne pas faire bouillir.

b) Dans un petit bol, fouetter ensemble le jaune et 30 grammes de sucre semoule jusqu'à ce que le mélange soit pâle et mousseux. Versez progressivement le mélange de lait matcha chaud dans le mélange de jaunes en mélangeant au fur et à mesure que vous versez pour éviter le caillage.

c) Reversez le mélange dans la casserole et faites cuire à feu doux jusqu'à ce que vous obteniez une crème pâtissière fine, environ 12 minutes ou jusqu'à ce que la température atteigne 85 ºC.

d) Éteignez le feu, essorez l'excès d'eau de la gélatine ramollie et ajoutez-la à la crème anglaise chaude, remuez jusqu'à ce que la gélatine soit complètement dissoute. Transférer dans un bol résistant à la chaleur et laisser refroidir à température ambiante.

e) Pour faire la meringue : Dans un bol, fouetter ensemble le blanc d'œuf et les 30 grammes de sucre semoule restants. Placer le bol sur le dessus de la casserole avec de l'eau à peine frémissante, fouetter jusqu'à ce que le sucre soit complètement dissous.

f) Retirer le bol du feu et battre le mélange au batteur électrique jusqu'à formation de pics fermes, réserver.

g) Battre la crème jusqu'à formation de pics mous, réserver.

h) Lorsque la crème au matcha a refroidi, ajouter la crème et mélanger jusqu'à ce qu'elle soit bien mélangée. Incorporer la meringue et bien mélanger.

i) Verser le mélange dans un moule en silicone à 6 empreintes en laissant un espace pour la gelée. Refroidir au réfrigérateur jusqu'à ce qu'il soit pris.

GÂTEAUX ET TARTEAUX MOUSSES

89. Mousse de gâteau au fromage aux pépites de menthe

Donne : 8

INGRÉDIENTS
- 13 Oreos réguliers, finement broyés au robot culinaire
- 2 cuillères à soupe de beurre, fondu
- 2 cuillères à soupe d'eau froide
- 1 1/2 cuillère à café de gélatine en poudre
- 1 1/2 tasse de crème épaisse
- Deux paquets de 8 onces de fromage à la crème, ramolli
- Colorant alimentaire vert et jaune
- 1 cuillère à café d'extrait de menthe
- 1/2 cuillère à café d'extrait de menthe poivrée
- 1 1/2 tasse de sucre en poudre, divisé
- 31/2 onces de chocolat mi-sucré, haché finement
- Crème fouettée sucrée, feuilles de menthe et chocolat finement haché pour la garniture

INSTRUCTIONS:

a) Dans un bol à mélanger, mélanger les Oreos broyés et le beurre, répartir le mélange dans 8 petites coupes à dessert et presser doucement en une couche uniforme.

b) Ajouter de l'eau dans un petit bol puis saupoudrer uniformément la gélatine sur le dessus, laisser reposer 5 à 10 minutes.

c) Pendant ce temps, versez la crème épaisse dans un bol à mélanger moyen et fouettez jusqu'à ce que des pics mous se forment. Ajouter 1/4 tasse de sucre en poudre et fouetter jusqu'à formation de pics fermes, réserver.

d) Ajouter le fromage à la crème dans un bol à mélanger séparé et mélanger avec un batteur à main électrique jusqu'à consistance lisse et mousseuse, environ 2 minutes. Ajouter 1 1/4 tasse de sucre en poudre restant et mélanger jusqu'à homogénéité.

e) Ajouter la menthe et l'extrait de menthe poivrée, ainsi que le colorant alimentaire et mélanger jusqu'à ce qu'ils soient combinés, réserver.

f) Chauffer le mélange de gélatine au micro-ondes à puissance élevée pendant 30 secondes, puis retirer et fouetter 1 minute pour s'assurer qu'il se dissout bien.

g) Laisser refroidir 3 minutes puis verser le mélange de gélatine dans le mélange de fromage à la crème et mélanger immédiatement avec un batteur à main pour combiner.

h) Ajouter le mélange de crème fouettée et le chocolat haché au mélange de fromage à la crème et plier jusqu'à homogénéité.

i) Verser le mélange par lots dans une poche à douille et pocher la mousse sur la couche de croûte Oreo. Réfrigérer 3 heures.

j) Servir frais et si désiré, napper de crème fouettée sucrée, garnir de menthe et de chocolat haché.

90. Mousse de gâteau au fromage Red Velvet

Donne : 3

INGRÉDIENTS:
- 6 onces de fromage à la crème ramolli en bloc
- ½ tasse de crème épaisse
- 2 cuillères à soupe de crème sure entière
- ⅓ tasse d'édulcorant en poudre à faible teneur en glucides
- 1 ½ cuillère à café d'extrait de vanille
- 1 ½ cuillère à café de cacao en poudre
- ½ cuillère à café à 1 cuillère à café de colorant alimentaire rouge naturel selon si vous voulez une couleur rouge au lieu de rosâtre
- Crème épaisse fouettée édulcorée avec des gouttes de stévia
- Copeaux de barre de chocolat sans sucre râpés au chocolat céto

INSTRUCTIONS
a) Dans un grand bol à mélanger avec un batteur à main électrique ou un batteur sur socle, ajouter le fromage à la crème ramolli, la crème épaisse, la crème sure, l'édulcorant en poudre et l'extrait de vanille.
b) 6 onces de fromage à la crème en bloc, ½ tasse de crème épaisse, ⅓ tasse d'édulcorant en poudre à faible teneur en glucides, 1 ½ cuillère à café d'extrait de vanille, 2 cuillères à soupe de crème sure
c) Mélanger à feu doux pendant une minute, puis à feu moyen pendant quelques minutes jusqu'à consistance épaisse, crémeuse et bien mélangée.
d) Ajouter la poudre de cacao et mélanger à feu vif jusqu'à consistance homogène, en raclant le côté avec un grattoir en caoutchouc pour bien mélanger.
e) 1 ½ cuillère à café de cacao en poudre
f) Ajouter le colorant alimentaire rouge et mélanger jusqu'à homogénéité ou à la consistance d'un pouding.
g) ½ cuillère à café à 1 cuillère à café de colorant alimentaire rouge naturel

h) À l'aide d'une cuillère ou d'une poche à douille, pochez la mousse dans un petit verre à dessert ou un bol.
i) Garnir d'une cuillerée de crème fouettée sans sucre et éventuellement d'un peu de chocolat sans sucre râpé. Servir
j) Crème épaisse fouettée édulcorée avec des gouttes de stévia, copeaux de barre de chocolat sans sucre

91. Mini-gâteaux à la mousse de cacao

INGRÉDIENTS:
CROÛTE:
- 2 tasses de graines et/ou de noix
- 1/2 tasse de dattes, dénoyautées et hachées
- 1/4 tasse d'huile de noix de coco, fondue
- 1 pincée de sel

MOUSSE:
- 6-10 avocats
- 1 1/4 tasse de poudre de cacao
- 1 1/4 tasse de miel ou d'agave
- 2 gouttes d'huile essentielle de menthe poivrée

INSTRUCTIONS:
CROÛTE:
a) Mixez finement les graines et/ou les noix dans un robot culinaire équipé de la lame en S. Hacher à la main est également possible !
b) Mélanger tous les ingrédients de la croûte dans un bol et pétrir jusqu'à consistance collante et pâteuse.
c) Presser dans un moule à charnière en couvrant uniformément le fond.

MOUSSE:
d) Placer tous les ingrédients de la mousse dans votre robot culinaire équipé d'une lame en S et mélanger pendant environ cinq minutes.
e) Assurez-vous que tout est bien combiné et soyeux.
f) Verser la mousse dans le moule et réfrigérer pendant 8 heures.
g) Se conserve bien au réfrigérateur pendant quelques jours.

92. Petits gâteaux de souris

Donne : 24 cupcakes

INGRÉDIENTS:
- 1 mélange à gâteau au chocolat de 18,25 onces plus les ingrédients demandés sur la boîte
- 1/2 tasse d'huile
- 24 petits biscuits ronds au chocolat et à la menthe, coupés en deux
- 1 sac de 12,6 onces de chocolats ronds enrobés de bonbons
- De fines cordes de réglisse noire
- 24 boules de glace au chocolat

INSTRUCTIONS:
a) Préchauffer le four à 375°F. Tapisser un moule à muffins de caissettes en papier.
b) Préparez la pâte et faites cuire selon les instructions de mélange à gâteau pour les cupcakes en utilisant de l'huile d'olive.
c) Sortez les cupcakes du four et laissez-les refroidir complètement.
d) Retirer les cupcakes des gobelets en papier.
e) En utilisant des biscuits ronds coupés en deux pour les oreilles, des bonbons pour les yeux et le nez et de la réglisse pour les moustaches, décorez les cupcakes pour qu'ils ressemblent à des souris. Placer sur une plaque à biscuits et congeler.

93. Tarte mousseuse au chocolat blanc fraise

Donne : 8 portions

INGRÉDIENTS:
PÂTISSERIE:
- 1¾ tasse de farine non blanchie
- ¼ tasse de cassonade claire bien tassée
- 2½ cuillères à café de zeste d'orange, râpé
- ⅛ cuillère à café de sel
- 1¾ bâtonnets de beurre non salé
- 1½ cuillère à soupe de jus d'orange frais
- 1 jaune d'oeuf
- 1 cuillère à café d'extrait de vanille
- 2 onces de chocolat blanc

MOUSSE:
- 6 onces de chocolat blanc
- ¼ tasse de crème épaisse
- 1 gros blanc d'oeuf
- 1 cuillère à soupe de sucre
- ½ tasse de crème à fouetter, fouettée
- 2 cuillères à soupe de Grand Marnier
- 1 grosse fraise, avec les tiges
- 25 grosses fraises, équeutées
- ½ tasse de confiture de fraises

INSTRUCTIONS:

a) Pour la pâte : Mélanger les 4 premiers ingrédients dans un bol. Ajouter le beurre et couper dans le mélange jusqu'à ce qu'il ressemble à un bon repas. Mélanger le jus d'orange avec le jaune d'œuf et la vanille. Ajouter suffisamment de mélange de jus pour sécher les ingrédients afin de former une boule qui se rassemble.

b) Rassemblez la pâte en boule et aplatissez-la en un rond d'environ 12 pouces.

c) Placez la grille au centre du four et préchauffez à 375 degrés.

d) Abaisser la pâte entre des feuilles de pellicule plastique à ⅛ pouce d'épaisseur. Couper en un cercle de 11 pouces.
e) Retirer la pellicule de plastique du dessus et retourner dans un moule à charnière rond de 10 pouces avec fond amovible. Retirer la pellicule de plastique et presser le fond et les côtés du moule... sertir les bords supérieurs.
f) Congeler pendant 15 minutes. Tapisser le fond de tarte de papier d'aluminium et ajouter des poids de tarte ou des haricots.
g) Cuire jusqu'à ce que les côtés soient pris - environ 10 minutes.
h) Retirez le papier d'aluminium et les poids. Cuire la croûte jusqu'à ce qu'elle soit dorée - environ 16-20 minutes.
i) Saupoudrer deux onces de chocolat blanc sur la croûte chaude. Laisser reposer environ 1 minute.
j) À l'aide du dos d'une cuillère, étaler le chocolat sur le fond et les côtés.
k) Transférer sur une grille pour refroidir.

94. Tourte à la mousse avec croûte d'oreo

Donne : 1 portion

INGRÉDIENTS:
- 24 biscuits Oreo
- ¼ tasse de beurre non salé, fondu
- ¾ tasse de crème à fouetter
- 8 onces de chocolat mi-sucré, haché
- 1 livre de chocolat blanc, haché
- 3 tasses de crème fouettée froide
- 1 paquet de gélatine sans saveur
- ¼ tasse d'eau
- 1 cuillère à café d'extrait de vanille
- Biscuits Oreo hachés

INSTRUCTIONS:
POUR LA CROÛTE :
a) Beurrer un moule à charnière de 10" de diamètre avec des côtés de 2¾" de haut.
b) Moudre finement les biscuits dans le processeur. Ajouter le beurre fondu et mélanger jusqu'à homogénéité. Presser le mélange de croûte au fond du moule préparé. Porter la crème à ébullition dans une casserole moyenne épaisse. Réduire le feu à doux. Ajouter le chocolat et fouetter jusqu'à ce qu'il soit fondu et lisse. Verser le mélange de chocolat sur la croûte. Froideur.

POUR REMPLISSAGE:
c) Mélanger le chocolat blanc et 1 tasse de crème au bain-marie. Remuer au-dessus de l'eau frémissante jusqu'à ce qu'il soit fondu et lisse. Retirer du dessus de l'eau. Frais à à peine tiède. Saupoudrer la gélatine sur ¼ tasse d'eau dans une petite casserole épaisse. Laisser reposer 5 minutes pour ramollir. Remuer à feu doux jusqu'à ce que la gélatine soit dissoute. Verser dans un grand bol. Ajouter 2 tasses de crème et de vanille restantes et remuer pour combiner.
d) Battre le mélange crème-gélatine en pics mous. Incorporer le mélange au chocolat blanc.
e) Verser la garniture dans la croûte. Réfrigérer jusqu'à ce que la garniture soit prise, au moins 6 heures ou toute la nuit.
f) Passez un petit couteau bien aiguisé sur les côtés du moule pour détacher la tourte.
g) Relâchez les côtés du moule. Saupoudrer le dessus de biscuits hachés.

95. Cannoli moelleux à la mousse de citron

Fait du; 9 cannoli

INGRÉDIENTS:
POUR LES COQUILLES SOUPLE CANNOLI
- 2 gros œufs
- 55 g de sucre semoule
- 55 g de farine de blé tendre
- 1 pincée de sel
- 1/2 cuillère à café de pâte de vanille
- 1 cuillère à café de jus de citron
- 1/2 zeste de citron râpé

POUR LA CLOTTED CREAM ET LA MOUSSE LEMON CURD
- 85 g de fromage à pâte molle entier
- 115 g de lait concentré
- 65 g de crème fraîche
- 45 g de crème de citron
- 1 cuillère à soupe de jus de citron

INSTRUCTIONS:
a) Préparez vos coquilles en séparant vos blancs et vos jaunes d'œufs. Dans un premier temps, montez les blancs d'œufs avec une pincée de sel et 1 cuillère à café de jus de citron jusqu'à formation de pics fermes en ajoutant la moitié du sucre semoule en deux fois. Une fois que vous avez préparé votre meringue glacée, mettez-la de côté.

b) Fouettez vos jaunes d'œufs avec la vanille, l'autre moitié du sucre semoule et le zeste de citron râpé, jusqu'à ce qu'ils blanchissent. Ajoutez votre meringue une cuillère à la fois et repliez par le bas en essayant de garder le plus d'air possible.

c) Tamiser votre farine et l'ajouter au mélange d'œufs en deux moitiés, et incorporer à la spatule en veillant toujours à ne pas mélanger la pâte. Transférer dans une poche à douille et former des disques d'environ 9 cm sur une plaque de cuisson recouverte de papier sulfurisé. Vous pouvez utiliser un cutter ou un anneau de chef pour dessiner le contour.

d) Cuire 5 minutes dans un four préchauffé à 200°C. Une fois les coques cuites, passer sur une grille de refroidissement pour refroidir, celles-ci doivent rester moelleuses.
e) Pendant ce temps, préparez votre mousse en fouettant tous les ingrédients dans un bol. Les quantités sont suffisantes pour remplir 9 cannoli, cependant, s'il en reste, placez-les simplement dans de petites coupelles pour un dessert léger.
f) Une fois que les ingrédients ont atteint une consistance molle mais ferme, placez-les dans une poche à douille avec une douille en étoile.
g) Vos coques de cannoli sont maintenant refroidies, saupoudrez de sucre glace l'extérieur et pochez la mousse directement au milieu des disques de biscuit. Pliez l'éponge de chaque côté et pincez le haut pour fermer. Servir avec quelques tranches de fraises et des feuilles de menthe pour la décoration.

96. Gâteau Bundt à la citrouille et à la levure

Donne : 12

INGRÉDIENTS:
- 1 tasse de mousse de potiron
- 2½ tasses de farine d'épeautre ordinaire ou de farine de gâteau de blé
- ½ tasse de lait végétal de n'importe quelle plante
- 7 grammes de levure sèche
- ½ tasse de sucre de canne ou tout autre sucre non raffiné
- jus et zeste de 1 citron
- 1 cuillère à soupe d'huile de noix de coco liquide
- 1 tasse de canneberges séchées

INSTRUCTIONS:
a) Mélanger la farine, la levure, le sucre et les canneberges dans un bol à mélanger.
b) Dans une petite casserole, chauffer doucement la mousse de potiron, le lait végétal, le jus et le zeste de citron et l'huile de coco. Pétrir les ingrédients humides dans la pâte. Cela devrait prendre environ 8 minutes.
c) Saupoudrer une fine couche de farine sur le moule à cake Bundt et le graisser. Placez la pâte dans le moule, couvrez-la et laissez-la lever pendant 1 heure dans un endroit chaud.
d) Préchauffer le four à 180°C/350°F et cuire 35 minutes.

97. Gâteau mousse aux morceaux de chocolat surgelé Bailey's

Donne : 8 portions

INGRÉDIENTS:
- ¼ tasse d'espresso moulu
- ½ tasse d'eau
- 1 tasse de farine à gâteau
- ½ cuillère à café de bicarbonate de soude
- ¼ cuillère à café de sel
- 4 cuillères à soupe de beurre non salé
- ½ tasse Plus 2 cuillères à soupe de sucre cristallisé
- 2 gros œufs
- ½ cuillère à café d'extrait de vanille
- ¼ tasse de crème sure
- 5 onces de chocolat mi-amer, haché grossièrement
- ¼ tasse Plus 2 cuillères à soupe de lait
- ¼ tasse de sucre granulé
- ⅛ cuillère à café de sel
- 2 cuillères à café d'extrait de vanille
- ½ tasse de liqueur à la crème irlandaise Bailey's, divisée
- 6 onces de mascarpone, ramolli
- 1 tasse de crème épaisse
- ¼ tasse de noisettes, légèrement grillées et hachées grossièrement
- 4 onces de chocolat mi-amer, coupé en morceaux de 1/2 pouce
- ¾ tasse de crème épaisse
- 2 cuillères à soupe de liqueur de crème irlandaise Bailey's
- 1 cuillère à soupe de sucre glace
- 2 onces de chocolat mi-amer, haché grossièrement
- Sauce au chocolat chaud

INSTRUCTIONS:
GÂTEAU EXPRESSO :
a) Placer une grille dans le tiers inférieur du four et préchauffer à 350 F. Beurrer légèrement un moule à gâteau carré de 8 pouces. Saupoudrer le moule de farine et tapoter l'excédent.

b) Placez l'espresso moulu dans une tasse ou un petit bol. Faites chauffer l'eau jusqu'à ébullition et versez-la sur la poudre d'espresso. Laisser le sol infuser pendant 5 minutes. Filtrer le café à travers une double couche de gaze.

c) Mesurez ¼ de tasse de café et réservez. Dans un grand hurlement, à l'aide d'un fouet, mélanger la farine, le bicarbonate de soude et le sel.

d) Tamiser le mélange sur un grand morceau de papier ciré. Dans le bol de 4½ pintes d'un batteur électrique robuste à l'aide de l'accessoire à palette, battre le beurre à vitesse moyenne pendant 1 à 2 minutes jusqu'à consistance crémeuse.

e) Ajouter graduellement le sucre, en mélangeant bien entre les ajouts et en raclant les parois du bol si nécessaire. Ajouter les œufs un à la fois et battre jusqu'à ce qu'ils soient combinés. Ajouter la vanille et la crème sure. À basse vitesse, ajouter la moitié du mélange de farine et battre jusqu'à homogénéité. Ajouter le ¼ de tasse d'espresso et bien mélanger.

f) Ajouter le reste du mélange de farine. Verser la pâte dans le moule préparé et cuire au four pendant 25 à 30 minutes ou jusqu'à ce que le gâteau commence à se détacher des parois du moule et qu'un testeur inséré au centre du gâteau en ressorte propre. Retirer le plat du four et le déposer sur une grille pour qu'il refroidisse complètement.

MOUSSE CHOCOLAT :

a) Mettre le chocolat dans un robot culinaire muni de la lame hachoir en métal. Mélangez pendant 20 à 30 secondes, jusqu'à ce qu'ils soient finement moulus. Dans une petite casserole, mélanger le lait, le sucre et le sel.

b) Cuire à feu moyen, en remuant avec une cuillère en bois, jusqu'à ce que le sucre se dissolve et que le lait arrive à ébullition. Retirez la casserole du feu.

c) Ajouter l'extrait de vanille et ¼ de tasse de Bailey's. Avec le moteur du robot culinaire en marche, versez le lait chaud à travers le tube d'alimentation.

d) Mélangez 10 à 20 secondes, jusqu'à ce que le chocolat soit complètement fondu. À l'aide d'une spatule, racler le mélange de chocolat dans un grand bol et laisser refroidir environ 5 minutes, jusqu'à ce qu'il soit tiède. Dans le bol de 4 l/2 pintes d'un batteur électrique robuste à l'aide de l'accessoire à palette, battre le mascarpone à vitesse moyenne-basse jusqu'à ce qu'il soit ramolli.

e) Ajouter graduellement le reste du Bailey's, en raclant les parois du bol si nécessaire. Passez à l'accessoire fouet métallique et, en battant à vitesse moyenne, ajoutez la crème épaisse. Augmentez la vitesse à moyenne-élevée et continuez à battre pendant 2 à 3 minutes, jusqu'à ce que des pics mous se forment lorsque le fouet est levé.

f) À l'aide d'une grande spatule en caoutchouc, incorporer un tiers du mélange de crème fouettée au mélange de chocolat pour l'alléger.

g) Incorporer le reste de crème fouettée au mélange de chocolat. Incorporer les noix grillées et les morceaux de chocolat dans la mousse.

MONTER LE GÂTEAU :

a) Tapisser un moule carré de 8 pouces de papier d'aluminium, en laissant un surplomb de 2 pouces sur les deux côtés opposés du moule. À l'aide d'un long couteau dentelé, couper le gâteau horizontalement en deux couches d'épaisseur égale.

b) Placez la couche supérieure, côté coupé vers le haut, au fond du moule. Grattez la mousse sur la couche de gâteau dans le moule. Lisser le dessus avec une petite spatule à gâteau en métal. Placez la deuxième couche, côté coupé vers le bas, sur la mousse.

c) Dans le bol de 4 ½ pintes d'un mélangeur électrique robuste à l'aide du fouet métallique, combiner la crème épaisse, le Bailey's et le sucre à glacer et battre à vitesse moyenne-élevée jusqu'à ce que des pics moyennement raides se forment lorsque le fouet est levé. .

d) À l'aide d'une petite spatule en métal, étalez le dessus du gâteau avec la crème fouettée. Saupoudrer les morceaux de chocolat sur la crème fouettée.
e) Congelez le gâteau pendant 6 heures ou toute la nuit. Sortir le gâteau du congélateur. Soulevez-le hors de la casserole, en utilisant les morceaux de papier d'aluminium en surplomb comme poignées, et placez-le sur une planche à découper pour tempérer pendant 30 minutes.
f) À l'aide d'un couteau bien aiguisé, couper les quatre côtés du gâteau, puis couper en huit barres de 4 pouces sur 2 pouces. Servir dans des assiettes à dessert avec une sauce au chocolat chaude.

98. Tarte mousse à la crème irlandaise Bailey's

Donne : 4 portions

INGRÉDIENTS:
- 3 oeufs, séparés
- ¾ tasse de crème irlandaise Bailey's
- 1 tasse de viandes de noix, hachées
- ⅛ cuillère à café de sel
- 2 tasses de Kool Whip
- 2 cuillères à soupe de copeaux de chocolat

INSTRUCTIONS:

a) Battre les jaunes d'œufs jusqu'à ce qu'ils soient de couleur citron. Ajouter le sel et le Bailey's. Cuire au bain-marie jusqu'à ce que le mélange de jaunes épaississe.

b) cool. Battre les blancs d'œufs en neige ferme. Combiner le mélange œuf/Bailey's, les blancs d'œufs et ⅔ du Kool Whip, en utilisant un mouvement de pliage. Incorporer ¾ de tasse de chair de noix. Grattez dans une croûte à tarte cuite.

c) Couvrir du reste de garniture fouettée. Saupoudrer du reste de chair de noix et de copeaux de chocolat.

d) Congeler pendant 4 heures.

99. Mousse au chocolat de Bailey

Donne : 6 portions

INGRÉDIENTS:
- 2 cuillères à café de gélatine sans saveur
- 2 cuillères à soupe d'eau froide
- 1/4 tasse d'eau bouillante
- 1/2 tasse de sucre
- 2 cuillères à soupe de cacao en poudre
- 1 1/2 tasse de crème épaisse bien froide
- 1/2 tasse de crème irlandaise Baileys très froide
- 1 cuillère à café de vanille

INSTRUCTIONS

a) Saupoudrer la gélatine sur l'eau froide dans un petit bol; remuer et laisser reposer 1 minute pour ramollir.
b) Ajouter de l'eau bouillante; remuer jusqu'à ce que la gélatine soit complètement dissoute. Laisser reposer au frais.
c) Mélanger le sucre et le cacao dans un grand bol à mélanger; ajouter la crème épaisse.
d) Battre à vitesse moyenne-élevée jusqu'à formation de pics fermes; verser graduellement le mélange Baileys, vanille et gélatine, en battant continuellement à grande vitesse jusqu'à ce que des pics bien mélangés et mous se forment.
e) Laisser reposer 5 minutes pour épaissir.
f) Verser dans des plats de service et placer au réfrigérateur pour refroidir.
g) Réfrigérer 1 heure ou jusqu'au moment de servir.

100. Baileys Mousse avec pizzelle à la vanille

Donne : 8 portions

INGRÉDIENTS
- 1 boîte de pouding instantané à la vanille
- 1,5 tasse de Baileys
- 1/2 tasse de lait
- 1 tasse de crème épaisse
- cannelle
- pizzelle à la vanille pour la garniture

INSTRUCTIONS
a) Fouetter ensemble le Baileys, le lait et le mélange de pouding instantané. Mettez-le au réfrigérateur pendant 10-15 minutes
b) Versez la crème dans le bol du mixeur et mettez le fouet. Battre à feu vif jusqu'à la formation de pics fermes
c) Incorporer la crème fouettée au pudding. Ne mélangez pas trop, quelques stries suffisent
d) Placer au réfrigérateur jusqu'à ce qu'il soit froid
e) Servir saupoudré de cannelle avec quelques morceaux de pizzelle à la vanille

CONCLUSION

Les mousses comprennent généralement quatre composants : la base, la mousse d'œuf, un agent de prise et de la crème fouettée. Les bases sont l'élément aromatique de la mousse et peuvent être des purées de fruits, des crèmes anglaises ou de la ganache.
Les mousses d'œufs ajouteront de la légèreté et du volume à la mousse - la meringue italienne ou la pâte à bombe (à base de jaunes d'œufs et de sucre cuit) sont les plus couramment utilisées. L'agent de prise le plus courant est la gélatine, bien que l'agar agar puisse être utilisé comme substitut végétarien. Enfin, la crème fouettée contribue à la texture riche et crémeuse d'une mousse.

www.ingramcontent.com/pod-product-compliance
Lightning Source LLC
Chambersburg PA
CBHW050019130526
44590CB00042B/956